COLECCIÓN POPULAR

4

JUAN PÉREZ JOLOTE

Dibujos de

ALBERTO BELTRÁN

RICARDO POZAS A.

JUAN PÉREZ JOLOTE

Biografía

de un tzotzil

FONDO DE CULTURA ECONÓMICA

Primera edición,   1952
Segunda edición,   1959
Tercera edición,   1959
    Trigésima reimpresión, 2008

Pozas, Ricardo
    Juan Pérez Jolote: biografía de un tzotzil / Ricardo Pozas ; dibujos
de Alberto Beltrán. — 3ª ed. — México : FCE, 1959
    120 p. : ilus. ; 17 × 11 cm — (Colec. Popular ; 4)
    ISBN 978-968-16-0328-1

    1. Tzotziles 2. Indios de México — Vida Social y Costumbres
I. Beltrán, Alberto il. II. Ser III. t.

LC F1221 .T9 P69   Dewey 307 P664j

Distribución mundial

Comentarios y sugerencias: editorial@fondodeculturaeconomica.com
www.fondodeculturaeconomica.com
Tel. (55)5227-4672 Fax (55)5227-4694

 Empresa certificada ISO 9001: 2000

D. R. © 1952, Fondo de Cultura Económica
Carretera Picacho-Ajusco, 227; 14738 México, D. F.

ISBN 978-968-16-0328-1

Impreso en México • *Printed in Mexico*

INTRODUCCIÓN

"Juan Pérez Jolote" es el relato de la vida social de un hombre en quien se refleja la cultura de un grupo indígena, cultura en proceso de cambio debido al contacto con nuestra civilización.

El marco de las relaciones en que se mueve el hombre de nuestra biografía, descrito aquí en sus rasgos más importantes, debe ser considerado como una pequeña monografía de la cultura chamula. No se logra en su totalidad el conocimiento de un grupo, en un momento de su proceso cultural, mediante la narración del ambiente en que se mueve el hombre (menos aún, cuando faltan todos los antecedentes históricos del grupo); sin embargo, la comprensión de la biografía es más clara con la descripción de los componentes más importantes de dicha cultura.

Nuestro ejemplo es típico, ya que caracteriza la conducta de muchos de los hombres de su grupo (exceptuando la participación en el movimiento armado de la Revolución Mexicana, que fue un accidente de su vida). No es una biografía excepcional; por el contrario, es perfectamente normal dentro de su medio, salvo las causas que obligaron a nuestro biografiado a salir de su pueblo.

En sus relaciones sociales, como todos los hombres de su pueblo, convive dentro de dos tipos de economía: indios con restos de organización prehispánica la una, y nacional de tipo capitalista, occidental, la otra.

Dado el carácter de la narración, no es posible exponer, en forma sistemática, los dos tipos de economía a que se ha hecho referencia, pero, para ayudar a comprender

7

mejor la distinción que se ha establecido entre ambos, conviene decir algo acerca de estas diferencias.

Constituyen los chumulas un grupo de indios, de más de 16,000 individuos, que hablan la lengua tzotzil y que viven en "parajes" [1] diseminados por las montañas de la altiplanicie de San Cristóbal, cercanas a Ciudad Las Casas. Tienen un centro, el pueblo de Chamula, destinado a usos ceremoniales, donde habitan las autoridades políticas y religiosas.

Dentro del municipio de Chamula, la vida económica de estos indios presenta sus características. Desde luego, hay que decir que dependen, para su alimentación, casi exclusivamente del cultivo del maíz, frijol y hortalizas; producción que obtienen de tierras áridas, fuertemente erosionadas y escasas, mediante el abono del suelo, aunque sin riego, y utilizando, como únicas herramientas, el azadón y un palo largo con punta. Aquí, el hombre y la mujer tienen iguales derechos sobre la posesión de la tierra, derechos que se desprenden de su tradicional mecanismo de herencia y que dan origen a una división exagerada de la propiedad del suelo;[2] el trabajo productivo se organiza por familias, participando en él hombres y mujeres, en cooperación determinada por las relaciones de parentesco, y sin fines lucrativos, pues la mayoría de los productos se destina al consumo de la familia.

El sistema económico del pueblo ha sido reforzado con la adopción de algunas técnicas de la economía occidental que en cierto modo se le ajustan. Éstas son: el uso de

[1] División territorial de los pueblos indios del centro del Estado de Chiapas, constituida por grupos de casas, grandes o pequeñas, situados cerca de sus terrenos de cultivo.

[2] V. "El fraccionamiento de la tierra por el mecanismo de herencia en Chamula", *Revista Mexicana de Estudios Antropológicos*, enero-diciembre, 1945.

azadón de hierro, hacha, machete, carda y otras herramientas del mismo metal; el cultivo de plantas europeas: trigo, hortalizas y frutales; el uso de animales de carga; la cría y utilización de animales domésticos, descollando la del carnero, cuya lana se destina para el vestido y su excremento para abono del suelo, aunque no comen la carne de este animal; y, además, el empleo de la moneda en sus tratos comerciales, que son de importancia como actividad complementaria de su economía.

Sin embargo, ésta no ha cambiado, en cuanto a sus bases, las formas de cooperación en el trabajo, los objetivos de la producción y el sistema de propiedad de aquellas técnicas para transformar la economía del pueblo. El conocimiento de otras técnicas, usadas por los chamulas en el trabajo de las fincas de Soconusco, y que podrían modificar su régimen económico, no puede desarrollarse dentro de un sistema caracterizado por la propiedad territorial subdividida, un suelo demasiado árido para el cultivo, una organización del trabajo ajustada a las relaciones de parentesco y una producción destinada al consumo familiar.

En contraste con el cuadro que acabamos de describir, vemos que los chamulas tienen relaciones económicas, fuera de su grupo, con centros de producción y consumo que no son indios.

Surten a Ciudad Las Casas de los productos rudimentarios de sus industrias y de sus huertas, tales como legumbres, verduras, patatas, huevos, muebles, madera labrada, carbón, leña, metates, baldosas, sarapes de lana, loza y otros artículos. También venden a otros pueblos de indios, huaraches, cotones de lana, sombreros, loza, arpas, guitarras y violines. Al mismo tiempo, se proveen en la ciudad de ropa de manta, aguardiente, velas, dulce, sal, copal, pólvora y otras mercancías.

Pero el contacto económico más importante para estos indios lo constituyen las fincas cafeteras de los distritos de Soconusco y de Mariscala, en las que hay demanda de trabajo asalariado, y adonde acuden a trabajar como jornaleros.

Son contratados mediante el sistema de "enganche", que consiste en adelantar al trabajador una cantidad de dinero, para asegurarlo y obligarlo a acudir a las fincas; sistema que se presta a negocios turbios en los que el indio es objeto de robo y otros abusos, sin que por esto deje de ser la fuente principal con que completan su economía, pues aseguran con tales ingresos los gastos que requieren el conseguir mujer y las relaciones con las instituciones y los hombres de su propia cultura.

En las fincas encuentran una economía distinta a la suya, caracterizada por la explotación de un solo cultivo: el del café, en grandes extensiones de tierras fértiles, irrigadas; el empleo de maquinaria que industrializa la producción; el uso de herramientas ajenas para la explotación de tierra, también ajena; la organización del trabajo, en el que participan hombres, mujeres y niños que proceden de diferentes grupos culturales y aun hablan distintas lenguas, sin otros lazos de unión que las relaciones del trabajo mismo, el cual está orientado a conseguir el máximo rendimiento, procurando obtener del esfuerzo de cada individuo el mayor número de ventajas económicas, y la producción, que se destina íntegra al comercio, aunque los trabajadores jamás disfrutan de ella.

La inseguridad del trabajo en las fincas cafeteras contribuye mucho a que la economía de estos indios dependa básicamente del trabajo dentro de su municipio, siendo el de las fincas complemento eventual de su economía.

El sistema económico de un grupo humano que se origina en sus peculiares formas de producción, distribución *y apropiación, puede transformarse —y de hecho se transforma, por efecto de la penetración de un sistema económico diferente— y producir, en la medida de dicha penetración, cambios en la cultura y en la vida del grupo.*

Más o menos estable, y en cierto modo aislada, la economía del municipio de Chamula ya no permite la convivencia con los no indios; se completa con el trabajo asalariado en las fincas y con el comercio de los productos de la agricultura y de las industrias domésticas. Esto nos lleva a considerar los otros aspectos de la cultura de este grupo, lo que nos permitirá confirmar la influencia determinante que en aquélla ejerce su sistema de vida económico. Dichos aspectos son los siguientes:

Una organización social con restos de clanes exogámicos patrilineales en los que se conserva la práctica estricta de la exogamia. Una familia monogámica con residencia patrilocal y autoridad del padre.

Una organización política y religiosa, propia del grupo, con un numeroso aparato de cargos públicos distribuidos entre la gente de los tres barrios que forman el pueblo.

Una educación familiar sólida, apegada a cánones tradicionales.

Un derecho consuetudinario ejercido por todo el pueblo y cuyo cumplimiento es vigilado por sus propias autoridades.

Una práctica de ritos paganos, mezclados al culto de los santos de la Iglesia católica, a quienes atribuyen poderes asociados a sus actividades económicas, y al de las fuerzas naturales, preponderando en éste el del sol.

Todo esto nos presenta un cuadro en el que las relaciones son completas, en contraste con las escasas relaciones establecidas entre los chamulas y los hombres e instituciones de la cultura occidental.

11

Contra un fondo cultural semejante se mueven los hombres de Chamula, cuya conducta, ejemplificada en esta biografía, tiene por fundamento estos rasgos generales que caracterizan su personalidad básica:

Una constitución física atlética en el hombre, y en ocasiones pícnica [3] en la mujer.

Resistencia física para el trabajo.

Habilidad en el desempeño de actividades mecánicas sencillas, por lo cual son preferidos a otros trabajadores no indios para la poda, limpia y recolección en la agricultura cafetera.

Concepto individualista extremado de la propiedad.

Conciencia de colectividad, limitada al grupo étnico. Tratan como gente extraña a los indios de otros pueblos, y con desconfianza a quienes no son indios.

Deseo de servir en los puestos públicos, sin remuneración, tan sólo con el fin de adquirir prestigio, en algunos casos, ya que en otros son obligados a aceptar dichos cargos como un medio para mantener su organización social y política.

Uso del aguardiente como bebida en todas sus relaciones sociales, políticas y religiosas; para agradecer y congratular a los hombres, a los espíritus y a los dioses, y para vivir en armonía con ellos.

Carácter irascible y pendenciero, en estado de ebriedad.

Temor de la venganza de los hombres y de los espíritus.

Sentimientos éticos con una jerarquía de valores entre los que resalta el respeto a la vida humana, ligada a sus conceptos subjetivos acerca del origen y causa de las enfermedades y de la muerte; honrados; veraces, hasta el

---

[3] Es difícil determinar la constitución física de la mujer, ya que el embarazo y otros factores de carácter sexual pueden modificarla aparentemente.

grado de entregarse a las autoridades para impedir que se castigue a otro injustamente; responsables de sus deberes y obligaciones; celosos en el cumplimiento de la palabra o juramento hecho.

Y, finalmente, creencias religiosas firmes.

RICARDO POZAS A.

JUAN PÉREZ JOLOTE

La tierra de mis antepasados está cerca del *Gran Pueblo*[1] en el *paraje* de Cuchulumtic. La casa donde nací no ha cambiado. Cuando murió mi padre, al repartirnos lo que dejó para todos sus hijos, la desarmamos para dar a mis hermanos los palos del techo y de las paredes que les pertenecían; pero yo volví a levantarla en el mismo lugar, con paja nueva en el techo y lodo para el relleno de las paredes. El corral de los carneros se ha movido por todo el huerto para "dar cultivo"[2] al suelo. El *pus*[3] que usó mi madre cuando yo nací, y que está junto a la casa, ha sido remendado ya; pero es el mismo. Todo está igual que como lo vi cuando era niño; nada ha cambiado. Cuando yo muera y venga mi ánima, encontrará los mismos senderos por donde anduve en vida, y reconocerá mi casa.

No sé cuándo nací. Mis padres no lo sabían; nunca me lo dijeron.

Me llamo Juan Pérez Jolote;[4] lo de Juan, porque mi madre me parió el día de la fiesta de San Juan, patrón del pueblo; soy Pérez Jolote, porque así se nombraba a mi padre. Yo no sé cómo hicieron los antiguos, nuestros "tatas", para ponerle a la gente nombres de animales.[5]

Desde muy pequeño me llevaba mi padre a quebrar la tierra para la siembra; me colocaban en medio de ellos, cuando padre y madre trabajaban juntos en la milpa. Era yo tan tierno que apenas podía con el azadón; estaba tan seca y tan dura la tierra, que mis canillas se doblaban y no podía yo romper los terrones; esto embravecía a mi padre, y me golpeaba con el cañón de su azadón, y me de-

15

cía: "¡Cabrón,[6] hasta cuándo te vas a enseñar a trabajar!" Algunas veces mi madre me defendía, pero a ella también la golpeaba. En otras ocasiones, siempre encontraba motivo para pegarme; cuando él costuraba un sombrero de palma y yo torcía la pita para la costura, y la pita se reventaba, me jalaba las orejas y me decía de nuevo: "¡Cabrón, con qué me vas a pagar lo que te estás tragando, si no vas a aprender a trabajar como yo!"

Casi siempre me llevaba al monte a traer leña, y siempre que iba con él me pegaba; tal vez porque no podía yo cortar los palos con el machete. Tanto y tanto me pegaba, que pensé salir huido de mi casa.[7]

Un día domingo, a la hora en que pasa por el camino la gente que vuelve de San Andrés,[8] después de la plaza, me acerqué a una mujer zinacanteca y le dije llorando: "Mira, señora, llévame para tu casa, porque mi papá me pega mucho; aquí tengo mi seña todavía, y acá, en la cabeza, estoy sangrando; me pegó con el cañón de la escopeta". "Bueno —me dijo la mujer—, vámonos." Y me llevó para su casa donde tenía sus hijos, en Nachij.[9]

No muy cerca de esta casa, en otro paraje, había una señora viuda que tenía cincuenta carneros. Cuando supo que yo estaba allí, vino a pedirme, diciendo a la mujer que me había traído: "¿Por qué no me das ese muchacho que tienes aquí? No tiene papá, no tiene mamá; yo tengo mis carneros y no tengo quien me los cuide." Luego me preguntó la mujer que me trajo: "¿Quieres ir más lejos de aquí; donde tu papá no te va a encontrar?" "Sí", le dije. Y me fui con la mujer de los carneros, sin saber adónde me llevaba.

Por el camino me preguntó si era yo huérfano: "No —le dije—, tengo padre y madre; pero él me pega mucho." "Yo no te voy a pegar —dijo—; sólo quiero que cuides mis carneros." Y caminando siempre detrás de ella, llegamos

a su casa; yo ya había andado por el monte con carneros, yo sabía llevarlos para que comieran y bebieran, pero no conocía las tierras de los zinacantecos, no sabía dónde había pasto y agua.

Al día siguiente me recomendó la dueña de los carneros con otras gentes que tenían rebaños, para que anduviera con ellos por el monte pastoreándolos.

No recuerdo cuántos meses estuve con aquella mujer; pero fue poco tiempo, porque me fueron a pedir otros zinacantecos. Eran hombre y mujer; me querían para que cuidara unos frutales. Le dieron a la viuda una botella de *trago*,[10] y me dejó ir.

Mi nuevo trabajo sería espantar los pájaros que se estaban comiendo las granadas y los plátanos. Aquí, mis patrones tenían dos hijos. Eran muy pobres; para vivir sacaban trementina de los ocotales y la llevaban a vender a Chapilla.[11] Los viejos me compraron unos huaraches. Los dos hijos, mayores que yo, me llevaban todos los días al monte a trabajar con ellos. Una vez, me cargaron con una lata que pesaba mucho, y al querer caminar se me cayó, y regué por el suelo la trementina. Los dos hermanos se enojaron, y embravecidos buscaron una vara delgada y me chicotearon; quise correr, pero aquellos huaraches no me dejaban.

Cuando llegué a la casa, di parte al señor y a la señora de que me habían pegado sus hijos.

—¿Por qué le pegaron a Juanito? —preguntó el padre.

—Porque se resbaló con su huarache nuevo y tiró la trementina.

—¿Por qué no la cargaste tú? ¿No ves que él es tierno y no puede cargar una lata?

—Lo cargamos para que se enseñe a trabajar.

—Además, no es verdad que le pegamos —dijo el otro hermano.

18

Yo mostré a los viejos las señas de los golpes, y ellos dijeron:

—Ya no irás más a acompañarlos, para que no te peguen —y me quedé en la casa para acarrear agua y espantar los pájaros de los frutales.

Aquella familia no sabía hacer milpa, y en la casa no había maíz. No comprendo cómo puede vivir una familia sin milpa, no sabía cómo le hacían para conseguir maíz.

Un día me llevaron a *tierra caliente* a buscar maíz. Allá trabajaban los zinacantecos haciendo milpa. Llegaron con un señor que tenía montones de mazorcas. Todos ayudamos al señor del maíz en su trabajo; unos desgranaban metiendo las mazorcas en una red y golpeando duro con unos palos, otros lo juntaban y encostalaban. A mí me puso a trabajar el dueño, como si fuera mi patrón; y todo el día estuve recogiendo frijol del que se queda entre la tierra. Cuando terminé, me puso a romper calabazas con un machete, para sacarles las pepitas.

Estuvimos trabajando tres días, y después volvieron a su casa los viejos con sus hijos; y a mí me dejaron desquitando el maíz que se habían llevado. A los ocho días regresaron; yo quería volver con ellos a la *tierra fría*, y esperaba que me llevaran, pero regresaron sin mí. Me quedé con el dueño del maíz, partiendo calabazas.

Ocho días más tarde volvieron; hicieron nuevamente cargas de maíz, por lo que pensé que debía quedarme para seguir desquitando lo que se llevaban; pero no fue así, a mí me hicieron una carguita de caracoles,[12] y regresé con ellos a su casa; yo estoy mejor en la *tierra fría*; las plagas y los mosquitos de la *tierra caliente* no dejan dormir.

Me volvieron a llevar a la *tierra caliente*. Esta vez los viejos se habían quedado en casa; fui solo con los dos hermanos. Llegamos donde vivía el hombre que tenía el maíz y me dejaron vendido con él por dos fanegas. Llevábamos cuatro bestias y los dos hermanos las cargaron del maíz que recibieron a cambio de mí. Entonces me dijeron: "Aquí quédate; volvemos por ti dentro de ocho días." Pero ya no volvieron.

Todos los días llegaba un *ladino* [13] que vivía en una hacienda cerca de Acala;[14] era el dueño de la tierra, y el zinacanteco del maíz [15] le pagaba por sembrar en ella. Uno de esos días, después que hablaron el zinacanteco y el *ladino*, me dijo el señor del maíz: "Mira, Juanito, ahora aquí te quedas para siempre. ¿Viste esas cuatro bestias que llevaban dos fanegas de maíz? es la paga que yo di por ti. Tú las vas a desquitar; pero no conmigo. ¿Has visto ese hombre *ladino* que viene aquí todos los días?; a él le vas a pagar el maíz que se llevaron. Él vino hoy a decir que viene mañana para llevarte, porque no tiene hijo, porque está solo con su mujer."

Los viejos no supieron que me habían vendido sus hijos, o tal vez fueron ellos los que quisieron que me vendieran. Lloré porque iba a quedarme lejos. Los viejos no me pegaban; nunca me regañaron. Quería regresar y seguir viviendo junto a ellos... Tal vez me querían; pero eran pobres y no tenían maíz, no hacían milpa, no tenían tierra. Lloré mucho porque no podía volver. ¡Cómo volver, si estaba vendido para que ellos comieran!

El señor que me compró se llamaba *Locadio*. Al día siguiente, de madrugada, oí que relinchaba su caballo; habló con el dueño del maíz. Llegaba para llevarme. Me montó en las ancas de su *andante*,[16] y fui con él a su casa.

Al llegar me entregó con su señora diciéndole: "Mira hijita, aquí traigo este muchachito que se llama Juan, para que nos sirva en el día; para que traiga agua en el *teco-*

mate y para que le dé de comer a los *coches*.[17] Le entregas un machete viejo para que rompa las calabazas."

Don *Locadio* tenía una ordeña de vacas y el primer día me llevó allá. Encendió fuego, puso café, y me dio café con leche. Todos los días me llevaba a la ordeña y siempre bebíamos leche cruda. Cuando regresaba con él de la ordeña, rompía las calabazas; las hacía pedazos, les sacaba las pepitas, y luego le tiraba los pedazos a los *coches* para que comieran.

Cuando estuve con el señor *Locadio*, supieron las autoridades que el señor tenía un huérfano y le avisaron que me iba a recoger el Gobierno para ponerme en un internado. Y un día, por la mañana, llegaron dos policías, cuando yo ya había regresado de la ordeña.

—Mire usted, señor —le dijeron al dueño de la ordeña y de la tierra—, venimos mandados del presidente de Acala, porque usted tiene aquí un muchacho que es huérfano.

—Sí, aquí lo tengo.

—Bueno; que lo lleve a la presidencia y lo entregue.

Me llevaron para entregarme en la mano del presidente. Al llegar le preguntaron que dónde me había encontrado.

—Lo trajo un zinacanteco —dijo don *Locadio*—; yo fui a pedírselo donde estaba trabajando, porque no tengo hijo que cuide mis animales. Este muchacho está cambiado por dos fanegas de maíz.

—Bueno —dijo el presidente—. ¿Qué tanto tiempo lo has tenido en tu casa?

El señor le contestó; y quedaron en que ya había yo desquitado las dos fanegas de maíz.

—¿Y tú —me preguntó el presidente— de dónde eres?

—Yo soy chamula.

—Y tu padre, ¿vive?

—Sí, vive.

—Y tu mamá, ¿vive?

—También vive.

—Entonces, ¿por qué viniste con este señor?

—Porque me golpeaba mucho mi papá y salí huido de mi casa.

—Está bien —dijo el presidente de Acala. Entonces... viven tu papá y tu mamá; ¿así es que no eres huérfano?

—No señor.

—El señor Gobernador supo que eras huérfano, y me ordenó que te recogiera para el colegio. Pero ahora que sabemos que viven tu mamá y tu papá, no te recogerá el Gobierno, sino que te regresará a tu casa.

Llamaron por teléfono para San Cristóbal y de allí para Chamula, para mandar llamar a mi padre con los *mayores* del pueblo.

—¿Cómo se llama tu papá? —me preguntó el presidente.

—Sebastián Pérez Jolote.

Encontraron a mi padre y lo llevaron a la presidencia de Chamula. Allí le dijeron:

—Vino un telefonema avisando que tiene usted un hijo huido y que está en Acala. Por orden del Gobierno, póngase en camino para recogerlo.

Al día siguiente salió para llevarme.

Ya había mangos en Acala. Antes que llegara mi padre, le dije al señor presidente: "No quiero ir con mi padre; no sea que me vaya a matar por el camino." Por eso cuando mi padre llegó, le dijo el presidente: "Dice Juan que no quiere ir contigo porque lo vas a matar en el camino; que irá si viene su madre a llevarlo." Mi padre volvió a Chamula llevando una caja de mangos, y yo me quedé con el señor presidente mientras volvía él con mi madre.

23

Después de una semana, volvió con mi tía; pero ni así me fui. Me dijo mi padre: "No vino tu mamá, pero aquí vino tu tía para que te vayas." Yo les dije que no volvía con ellos, que me quedaba en Acala. Regresaron al pueblo sin mí, con dos cajones de mangos que les dieron para que comieran.

A los quince días volvió mi papá, y entonces sí me fui con él, porque me dijo: "Ya no te voy a pegar... Vamos a la casa, porque tu madre llora por ti."

Llegamos a la casa:

—¿Viniste ya, hijo? —dijo mi madre—. Yo creía que te había matado tu papá.

—No —le contesté—, nomás me pegó; ya ves que me pega mucho.

Habían pasado siete meses desde que salí de mi casa. Ocho días después de haber vuelto, mi padre empezó de nuevo a pegarme dándome con cueros, mecapales y palos, y diciendo que había sufrido mucho para encontrarme.

Tenía un mi tío que me defendía diciéndole a mi papá: "No le pegues mucho a tu hijo." Mi padre le contestaba: "¡A usted qué le importa! ¡Es mi hijo, y puedo matarlo si quiero!"

Un día pidió mi papá doce pesos a un habilitador de los que andan enganchando gente para llevarla a trabajar a las fincas. Cuando llegó el día para salir al camino, no lo encontraron, porque estaba emborrachándose, y me llevaron a mí en su lugar, para que desquitara el dinero que él había recibido. Fue conmigo mi tío Marcos. Hicimos cuatro días de camino.

En la finca había plantaciones de cacao y de hule. Pero no trabajé como los demás; sólo traía agua de un pocito para un caporal. Los hombres fueron contratados por un mes y les pagaron doce pesos. Cuando cumplieron el mes, llegaron otras cuadrillas a la finca para ocupar su lugar. Mi tío y yo volvimos a nuestras casas.

Yo estaba contento allá en la finca, porque no había quien me pegara ni quien me regañara; el caporal me quería mucho.

Cuando llegué, me preguntó mi papá: "¿Ya desquitaste lo que pedí? ¿No quedaste a deber nada?" Las mismas preguntas hizo a mi tío, y él le dijo que sí había desquitado; y añadió: "Mira, hermanito; no le vuelvas a pegar a tu hijo. Mira que no le diste nada de los doce pesos; ni siquiera huaraches le compraste para el camino." "Pero si no obedece. . ."— dijo mi padre.

Pasaron unos días, y me volvió a pegar. Sólo me pegaba cuando estaba en su juicio; cuando andaba borracho no me pegaba.

Todos los días, desde que llegué, iba con mi mamá a traer leña al monte. Una vez fuimos los tres, mi papá, mi mamá y yo, a traer leña; llevábamos una bestia que era muy cimarrona; no se dejaba cargar; yo detenía el lazo de la bestia; pero mi mamá no aguantaba la carga de leña que iba a ponerle encima; entonces mi papá cogió una raja de leña y nos dio con ella. A mi mamá le pegó en la cabeza y le sacó sangre. Volvieron a cargar la bestia, y después de pegarle también a ella, recibió la carga.

Volvimos al *paraje*; pero yo me quedé en el camino y me fui a San Cristóbal; conocía el camino porque mi papá y mi mamá me llevaban con frecuencia cargado de zacate, para venderlo en San Cristóbal.

Cuando llegué, me encontré en la calle con un hombre que buscaba gente para las fincas de Soconusco. Le dije que si me llevaba, pero de huido, porque mi papá me pegaba. Él me dijo que con mucho gusto me llevaría. Fue a hablar con el habilitador, y luego me preguntó que cuánto dinero quería. Yo le dije que lo que me diera; pero que no fuera mucho. Y recibí doce pesos.

Como entonces todo era barato, compré pan, una botella de trago, una tapa de panela y unos pocos de duraznos.

Mis padres tenían dos casas; llevé todo aquello a la casa que estaba desocupada, para que no me vieran; y le dije a uno de mis tíos que le dijera a mi mamá que fuera a la otra casa a recoger lo que les había comprado; pero que no se lo dijera a mi papá.

De un cofre donde guardaba mi madre los *chamarros* [18] de lana, saqué uno y puse en su lugar siete pesos. Me quedaron tres pesos para el viaje; y entonces salí para la finca.

Más después supe que mi madre había llegado a la otra casa a ver sus animales. Yo había dejado la botella de *trago* sobre una mesita junto con el pan, los duraznos y la panela; todo dentro de una canastita. Llegó un gato en la noche y se comió el pan, y tiró la botella de *trago* que se salió, gota a gota. Cuando llegó mi madre y vio todo aquello, fue a revisar sus cosas al cofre y vio que le faltaba un *chamarro*; pero ahí encontró los siete pesos.

Regresó con mi papá y le contó que me había huido para la finca; que me había llevado el *chamarro* y dejado siete pesos. "¡Ah! —dijo mi padre—, entonces ya se fue para la finca ese cabrón. Hubieras traído el dinero para que nos fuéramos a San Andrés a tomar *chicha*. . . [19] ¡Te vas a traer esos siete pesos!" Regresó mi madre a la casa vieja por el dinero; y con él se fueron a San Andrés a hacer el gasto.

Llegué a una finca de Soconusco donde ganaba diez centavos diarios, trabajando con los *patojos*;[20] pues aparte trabajaban los hombres y aparte los muchachos. Los hom-

bres lo hacían por tarea. Yo limpiaba las matas de café para que no criaran monte.

El patrón y el caporal me querían mucho, y con frecuencia el caporal me mandaba por la tierra de los *tacanecos* [21] acompañando a su mujer.

Pasó un año, y me siguieron dando diez centavos diarios, porque me descontaban para desquitar lo que me habían adelantado. Después empecé a trabajar por tarea, como los hombres. La primera semana hice cinco tareas de trabajo, que me pagaban a cincuenta centavos cada una; me gané dos pesos cincuenta centavos. Cuando vi que ganaba más, me empecé a apurar, y a la otra semana hice seis tareas; a la otra, siete; después ocho, nueve, diez, y hasta once tareas llegué a hacer en una semana. El caporal veía cómo trabajaba yo, y me daba buenas tareas; yo le compraba sus cigarros para que chupara.

Empecé por comprarme un pantalón, y, con más dinero, seguí comprando buena ropa. Después me compré zapatos. Las *ballunqueras* [22] llevaban ropa cada día de raya. Me costó ochenta centavos un pantalón; dos camisas, a sesenta centavos cada una; mis calzones, sesenta centavos; los zapatos, uno cincuenta; y también compré mis pañuelos. Los compañeros me hacían burla porque era yo vestido de *ladino,* porque había dejado mi vestido de chamula. "¿De dónde viniste tú? —me decían—, que andas vestido de ladino, pero somos compañeros." Seguí trabajando; y con mi dinero compré una escopeta, después una pistola, para ir al monte los días domingos a tirarle a los pájaros; después compré un acordeón.

Cuando regresaban mis compañeros a Chamula, después que desquitaban el dinero que los habilitadores les adelantaban, llegaban a contarle a mi papá que yo ya sabía trabajar, que fuera a la finca a traerme.

Después de tres años de trabajar en aquella finca, dije

yo: "Si llego a regresar a mi casa sin haberle mandado dinero a mi papá, no me va a recibir; mejor que le mande algo." Y vendí mi pistola, mi escopeta, mi acordeón, y le mandé veinte pesos con Mariano Méndez Aguilar.

Iban y venían nuevas cuadrillas, pero no volvía Mariano. Sólo venían otros que vivían cerca de mi casa. Cuando llegaban, venían a contarme que el dinero que mandé no lo quería recibir mi papá: "Que tu hijo te manda este dinero", le decían. "Yo no necesito dinero de mi hijo, ¡me lleva la chingada! ¡Lo voy a matar!" Todo esto me contaban los que venían del pueblo, yo lo creía; y como me pegaba mucho, pensé que era verdad que iba a venir a matarme.

Para que no me encontrara mi padre, si venía, salí de aquella finca y me cambié de nombre; me puse José Pérez Jolote. Dejé de ser Juan Pérez Jolote. La finca donde había estado trabajando se llamaba *Premio*. Fui luego a *Lubeca*; aquí trabajé sólo cinco semanas. Los compañeros de la finca *Premio* iban a *Lubeca* a pasear los domingos, y me decían: "¿Andas por aquí?... ¡Va a venir tu papá y te va a matar!"

Con el miedo que le tenía a mi papá, salí de la finca *Lubeca* y me fui al pueblo de Huixtla. Allí buscaban gente para trabajar en la finca de *La Flor*. Me enganché, y cuando llegué a la finca, me dijo el patrón: "Yo te voy a dar tu ración y aquí te vienes a dormir, cerca del gallinero, para espantar los animales que vienen en la noche a sacar las gallinas." Allí me dormía, y despertaba cuando oía ruido, y gritaba para que no entraran los animales. En este lugar trabajé unos tres meses. Aquí anduve con tres trabajadores de Comitán que llevaban mujeres para que les asistieran. Uno de ellos me preguntó: "¿Aquí vas a venir a trabajar, José?" "Sí", contesté. "No comas allá en la cocina; mejor aquí, con mi mujer", dijo.

El patrón daba frijol, maíz, panela, café y jabón para lavar la ropa, y la mujer de Comitán que me asistía llegaba a recibir esto, cada ocho días, a la casa del patrón; recibía mi ración y la de su marido. Yo le pagaba cinco centavos diarios porque me hiciera la comida.

Los de Comitán se emborrachaban y se peleaban cada día de raya. Cuando estaban borrachos cambiaban las mujeres unos con otros. Al día siguiente, se empezaban a celar:

—Tú, ¡cabrón! —decía uno—, estás pisando a mi mujer.

—Y tú también estás pisando a la mía.

Luego venía el otro y decía:

—Tú también te estás cogiendo a mi mujer.

Y empezaba la riña:

—¿Preguntamos a José Pérez si no es cierto?

—Él no toma *trago* y ve lo que le haces a mi mujer, ¡cabrón!...

Me preguntaron a mí.

—Yo no sé... Como no duermo aquí sino en la casa grande, no veo qué pasa en la noche.

—Es que no quieres decirnos.

Claro que sí; no quería decirles para que no se pegaran; pero todo lo había visto, y la mujer que me daba de comer me lo contaba.

De todos modos, se agarraron a machetazos. Las mujeres y yo los mirábamos asustados. Uno quedó muerto y los otros se fueron con las mujeres.

Yo no sabía qué hacer. "Si yo corro —pensé—, van a decir que yo lo maté." Y allí me quedé, viendo cómo le salía sangre a aquel hombre de los machetazos que le dieron.

Luego que supieron que había muerto uno de Comitán, fueron a dar parte a la presidencia de Mapa,[23] y llegaron los policías a la finca a ver el muerto; y allí me encontraron junto a él y me preguntaron:

—¿Quién lo mató?

—No lo sé.

—¡Cómo no lo vas a saber!, si tú eres el que andas con ellos. Si no vas a decirnos, te vamos a llevar.

—Yo no sé —les dije. Y sin decirme más, me amarraron los brazos con un lazo y me trincaron a un palo. Allí me tuvieron amarrado mientras llegaba la gente de la finca, para ver si yo era el que lo había matado.

Las mujeres de los que trabajaban en la finca decían: "Pobrecito, quién sabe si él lo mató o nomás anda sufriendo", y me daban pozole para que tomara, pero como estaba amarrado era como si no tuviera manos, y ellas, con las suyas, me lo daban en la boca.

Vinieron los demás y las mujeres me gritaban:

—¡Ay, José, pobrecito, ya te van a llevar! ¡Cómo no lo dijiste claro quién fue!... ¡Dí cómo empezaron a pelear!

—Cómo voy a decir, si no lo vi.

Se llevaron al muerto, y a mí me llevaron preso. Llegamos a Mapa y allí dormí en la cárcel.

Al otro día, al amanecer, tomamos el camino de Tapachula. Llegamos, y allí quedé en la cárcel.

Once meses quince días estuve yo en la prisión tejiendo palma. Me pagaban a centavo la brazada. Un señor que era de San Cristóbal, a quien le decían Procopio de la Rosa, me aconsejaba que no vendiera la palma tejida, que costurara el sombrero: "No te sale; haces cinco brazadas, son cinco centavos; y si haces la falda de los sombreros, yo te la pago a tres centavos." Así, terminaba de coser dos faldas en el día, y me ganaba seis centavos.

A cada preso le daban quince centavos diarios para que se mantuviera; con eso compraba tres tortillas con frijol por cinco centavos; y era lo que comíamos en cada comida. Si quería uno beber café, tenía que trabajar para pagarlo.

Don Procopio tenía cinco o seis compañeros trabajando. Cuando vio cómo era mi trabajo, me empezó a entregar palma tejida en cantidad para que la costurara. Como había luz en el calabozo —así se llama donde dormíamos—, cuando no tenía sueño, trabajaba de noche costurando sombreros; así ganaba algo más y tenía la paga para comer más.

Las mujeres de los presos entraban a la prisión, y sus hombres, para acostarse con ellas sin ser vistos, alquilaban sábanas y *chamarros* para esconderse, y a todos los que no teníamos mujer nos sacaban del calabozo.

Después, me dijo don Procopio: "Ahora te doy tu palma, para que trabajes por tu cuenta" —porque él era el que vendía a todos la palma para tejer. Él entregaba los sombreros por docenas, para venderlos fuera. Luego, me enseñó a hacer otros sombreros que se vendían a uno cincuenta.

A la cárcel llegaban cada domingo las familias de los que tenían alguno en la cárcel, y me encargaban sombreros para niños y me pagaban cuarenta o cincuenta centavos por cada sombrero.

Después me enseñé a tejer abanicos para ventearse cuando hay mucho calor; y me los pagaban a veinte y veinticinco centavos. Algunos me encargaban más, y a la otra visita ya los tenía hechos. Luego, me enseñé a hacer canastos de palma, de esos con asa.

Con estos oficios que aprendí ya tenía con qué mantenerme dentro de la prisión. Había otros prisioneros que decían que eran de Guatemala; éstos no sabían tejer ni hacían nada, y sólo estaban esperanzados a los quince centavos diarios para comer.

Cuando llegué a la cárcel yo entendía bien la *castilla*,

33

pero no sabía cómo decir las palabras; aprendí a hacer las cosas sin hablar, porque no había nadie que supiera mi lengua, y poco a poco empecé a hablar *castilla*.

Se supo en la cárcel que se iba a perder el Gobierno, que lo querían cambiar porque habían matado al Presidente; y para defenderse buscaba gente para el batallón. Dos de los que estaban presos escribieron al Gobierno, y les contestaron que si querían ser soldados los prisioneros, que lo solicitaran al Gobierno. Los otros prisioneros no decían nada, no sabían decir si querían o no irse de soldados; pero el Gobierno aceptó no sólo a los dos que lo habían pedido, sino a todos los que estábamos en la cárcel, y hasta los inválidos salieron de la prisión y vinieron con nosotros.

A las cuatro de la mañana nos fueron a sacar los soldados. Dijo el que llegó: "Que todos los prisioneros se alisten con sus maletas; todos van a quedar libres." Pero nos llevaron a la estación y nos metieron en un carro de tren donde llevan los plátanos y el ganado. Nos vigilaban los soldados por todas partes; dos de ellos, en la puerta del carro, nos picaban con las pistolas y nos decían: "¡Éntrelee...!

Yo llevaba cinco sombreros nuevos para venderlos en el camino; creía que todavía los compraban. Llegamos a San Jerónimo; allí nos bajaron del tren y nos metieron a un cuarto. A mí me quitaron mis sombreros para quemarlos, para hacer el café; todos los que iban peludos, les quitaron el pelo; a los que llevaban bastante ropa, se la quitaron y a todos nos dieron unos capotes con las mangas largas.

Al otro día nos fuimos rumbo a México. Oía yo que decían los nombres de los lugares por donde pasábamos: Orizaba, Puebla... Llegamos hasta San Antonio, donde encontramos leña. Nos sacaron de los carros para descansar; hicieron fuego para calentarnos. Era tiempo de elotes; comimos y nos fuimos otra vez al carro, y seguimos hasta llegar a la estación de México. De la estación nos llevaron al cuartel de *La Canoa*. Al día siguiente nos llevaron a registrar. Nos preguntaron si todos éramos mexicanos o había algunos de Guatemala. Iban dos guatemaltecos que me decían: "Hora que lléguemos nos van a preguntar de dónde somos, y tú también tienes que decir que eres de Guatemala; porque si saben que somos de Guatemala nos echan libres, porque la gente de Guatemala no pertenece a México, y así, no vamos a entrar de soldados."

Llegó el que venía preguntando, y gritó:

—¡A formarse!

Ya que estábamos formados, preguntó:

—¿Hay hombres guatemaltecos aquí?... ¿Quiénes son de Guatemala?...

—¡Aquí estamos presentes! —dijo la gente de Guatemala.

—¡Entonces, apártense!

Se formaron aparte los guatemaltecos. Como yo sé que no soy de Guatemala sino que soy chamula, de aquí, no quise el consejo que me dieron aquellos hombres, y me quedé con la gente de México. A los guatemaltecos los echaron libres y les dieron pasaje para que se fueran a sus tierras. A los inválidos y lastimados también los dejaron libres. Sólo nos quedamos los que estábamos buenos.

Nos llevaron a un cuartel donde miran la estatura de uno; allí nos encueraron y todos encuerados nos vieron. Al que era pinto, como los de Ixtapa o los de San Lucas,[24] lo dejaban libre porque no servía para soldado. A ésos no los admitía el Gobierno. Tampoco a los que tenían *nacidos*[25] o incordios. Sólo debían quedarse los que tenían limpio el cuero; y como yo tengo limpio mi cuerpo, sin ninguna lastimadura, allí me dejaron entre los que iban a la cuenta.

A los que nos quedamos, nos empezaron a dar sueldo: veinticinco centavos diarios, y la comida. A los pocos días empezaron a llegar los huaraches, luego vinieron los zapatos, y a cada uno nos iban dando. Luego vinieron los quepis, los máuseres con balas de palitos, y, ya uniformados, nos pagaron cincuenta centavos diarios y la comida.

Empezamos a hacer instrucción desde las cuatro hasta las seis de la mañana. Los cabos, sargentos primeros, sargentos segundos, tenientes, subtenientes y capitanes, todos allí nos juntaban y nos hacían marchar. A las seis tomábamos café. Éramos ciento veinticinco, de todos los pueblos; porque en todos los pueblos hay cárcel... Nos nombraron el "Batallón 89".

A los pocos días nos dijeron cómo íbamos a manejar las armas y cómo íbamos a agarrarnos a balazos. Nos formaban, unos adelante y otros atrás, y nos decían: "¡Pecho a tierra!" Otras veces nos acomodaban a unos de rodillas y a otros parados. Frente a nosotros se formaban otros compañeros de nuestra misma gente, igual que como nos ponían a nosotros. Luego nos decían: "Ése es el enemigo; así vamos a hacer cuando vayan con el enemigo... Ahora: ¡Preparen! ¡Apunten! ... ¡Fuego!" Apretábamos el gatillo, tronaba, y ahí nomás caían los palitos que salían de los máuseres. Como era para ensayar, las balas no eran de verdad.

Nos decían:

—Vamos a hacerlo otra vez: ¡Un paso adelante! ... —y caminábamos—. El de adelante, pecho a tierra; el que le sigue, de rodillas; y el de atrás, parado.

Esto lo hacíamos con tiempos, dando tres pasos adelante; luego nos retirábamos, cada uno a sus lugares. Lo repetíamos todos los días, con las armas en la mano.

Después ya nos dieron parque con bala, que era verdadero; cincuenta cartuchos a cada uno. Y entonces empezamos a ganar un peso diario. Cuando nos dieron los cartuchos con bala ya no los tronábamos, sólo hacíamos instrucción como nos habían enseñado en un principio.

Poco tiempo después salimos a encontrar a Carranza por donde venía. Antes de salir, llegó al cuartel un cura padrecito, y nos formaron a todos. Se paró en una silla, y nos dijo: "Bueno, *batallones* —todos nos hincamos de rodillas—, hoy les vengo a decir que mañana o pasado tomamos el camino, porque viene cerca nuestro enemigo. Cuando estén en la lucha no van a mentar al diablo ni al demonio; sólo van a decir a toda hora, cuando amanece, cuando anochece, estas palabras que voy a decir; óiganlas bien: ¡Viva la Virgen de Guadalupe! Porque ella es la Patrona de México, porque es la Reina de México y ella nos librará de nuestros enemigos cuando entremos a los balazos."

Al otro día tomamos camino. Nos embarcaron en el carro, ya con las armas; y en el tren nos dijeron que íbamos rumbo a Aguascalientes. Por el camino oíamos que tronaban los cañonazos y entre el enrejado del carro veíamos a la gente, vestida de amarillo, que corría por los montes. Mis compañeros decían: "¡Qué alegre es donde vamos!" Algunos de ellos llevaban guitarra, tocaban y cantaban; iban contentos.

Paramos en Aguascalientes; de ahí fuimos a Zacatecas. Y allí nomás nos quedamos. Íbamos más adelante; pero ya no podía pasar el tren. Nos sacaron de los carros y nos metieron en una casa que tenía un gran *sitio* y nos dieron de comer. Estuvimos allí algunos días. A las cuatro de la mañana nos levantaban y nos daban una copita de *trago* con pólvora; esto era todas las mañanas. Después nos daban café y almuerzo. Los que llevaban mujer estaban contentos; con sus guitarras cantaban canciones y reían. "Ya estamos bien, y pasado mañana nos vamos a la fiesta", decían muchos.

Llegó el día de salir a darnos de balazos.

Allí estaba un cerro, junto a Zacatecas, y una lomita abajo del cerro. Se veía la artillería con los cañones mirando al cerro. Debajo del cañón rompieron la tierra; hicieron una cueva, y allí hacían la comida.

Pasábamos por un llano a las nueve de la mañana, para subir al cerro, cuando oímos que dijo el general: "¡A extenderse!" Tocó la corneta, y nos desparramamos por el llano. Allí estaba el enemigo, en la punta del cerro; porque nos venían los balazos de arriba. Nosotros empezamos a echarles desde abajo; pero como no veíamos dónde estaban, y ellos nos miraban y nos tenían bien apuntados, quedaban muchos muertos de nuestros compañeros. Los artilleros echaban cañonazos sobre aquel cerro. Otros pasaron adelante y subieron al cerro por un lado; y así se retiraron un poco los enemigos. Ya en la noche, sin haber tomado agua, anduvimos juntando a los heridos. Uno me decía: "Llévame a donde están los artilleros, porque ya no puedo... Lleva mi máuser." Llegamos con los artilleros. A mí me empezó a doler la garganta; tomé agua, pero no me bajaba; comía, y ni la comida me pasaba bien. Y al echar los cañonazos, se me descompusieron los oídos.

Me llevaron al cuartel de Zacatecas y allí me embarcaron para Aguascalientes. Aquí me tuvieron en el hospital dos días, y al tercero, salí con otros heridos hasta el hospital de México, donde por poco me muero del dolor de los oídos; primero me salía sangre, y luego me salió pudrición. Entonces estuve algunos meses en el hos-

pital, y no me dejaron salir sino hasta que estaba bien sanado.

Los que ya estaban curados empezaron a decir: "Quién sabe cómo nos va a ir, porque nos vienen a comer, y no sabemos qué clase de gente nos va a venir a comer."

Los heridos y enfermos se ponían a llorar porque ellos no podrían salir; porque no podrían correr; porque a ellos sí se los iban a comer. Decían que eran los carrancistas los que venían comiendo gente.

Al poco tiempo entró a México Carranza; oíamos en el hospital que pasaban tronando los balazos; oíamos los gritos de los que pasaban por la calle: "¡Viva Venustiano Carranza! ¡Chingue a su madre Victoriano Huerta! ¡Que muera Francisco Villa! ¡Que muera también Emiliano Zapata! . . ."

Sólo le echaban vivas a Carranza. Y nosotros, ahí en el hospital, nos mirábamos unos a otros, sin poder salir.

Al otro día, que llegaron los carrancistas, fueron al hospital para ver cómo estaban los heridos y los enfermos. Llegaron con los jefes, nos saludaron y nos preguntaron: ¿Cómo están? ¿Qué les pasó? ¿Ya están sanando? . . . Ahora estamos aquí nosotros; ya somos compañeros." Los que habían llorado hablaron primero: "Nos dijeron que venían comiendo gente los carrancistas." "¡Qué vamos a comer! . . . , si no somos comedores." "Entonces, ¿no es verdad que nos van a comer?" "No, no los vamos a comer." Y se pusieron contentos los heridos y enfermos. "Tengan dos pesos —dijeron—, y no tengan miedo." Y nos dieron dos pesos a cada uno.

Estuve en el hospital hasta que sané. Salí libre y fui a Puebla. Trabajé quince o veinte días ayudando a los albañiles a cargar cal y ladrillos, y a los carniceros a traer los carneros y chivos de las haciendas, para la matanza, y como estaba con ellos arrimado, no me pagaban nada.

Salí para Tehuacán de las Granadas; iba solo y a pie. Cuando llegué a Tehuacán, un señor me dio posada; era carnicero. Ya había yo tratado con los matanceros y pensé que no eran gente mala. Estuve sirviendo con él cinco meses.

El señor papá del matancero cortaba la carne a las dos de la mañana, y a esa hora iba a la carnicería y me llevaba con él, porque como era sordo no oía, al pasar frente al cuartel, cuando el centinela le gritaba: "¡Quién vive!" Y tenía miedo de que lo mataran si no contestaba. Yo tenía que contestar al centinela: "¡Carranza!", y pasábamos. Nos dejaban pasar frente al cuartel, sin detenernos.

Al llegar a la carnicería, me decía aquel sordo: "Te puedes acostar a dormir ahí; te voy a despertar cuando amanezca." Yo dormía, y él cortaba carne por kilos, por medios y cuartos de kilo. Ya que amanecía estaba toda la carne cortada. Me despertaba; tenía ya hecho el café con leche, un vaso para él y otro para mí. Después venían los compradores de carne, y él despachaba lo que pedía la gente. A los que venían a hablar con el señor yo les contestaba. Cuando terminaba la venta; él volvía a su casa solo; entonces ya era de día y lo veía la gente; el centinela ya lo conocía y no le gritaba: "¡Quién vive!" A mí me dejaba en la carnicería a barrer y lavar la mesa. Cuando terminaba yo, iba a la casa y almorzaba; luego me iba a traer agua y a hacer los mandados y todo lo que se necesitaba en el día. Así pasé cinco meses, acompañando todos los días a aquel señor sordo a la carnicería.

En aquella casa donde trabajaba, me daban solamente el vestido y la comida. Yo quería ganar más dinero y fui a hablarle al capitán, en el cuartel de Tehuacán, para darme de alta. "¿No quiere usted darme de alta, señor capitán?" "Con mucho gusto, ¿cómo te llamas?" "Yo me llamo José Pérez." Me dieron mi *chompa*,[26] un pantalón, el quepis y además uno cincuenta. Cuando supieron en la casa donde trabajaba yo que ya estaba de soldado, me fueron a buscar al día siguiente. El viejo sordo habló con el capitán y le dijo: "No se lleven mi muchacho, porque lo quiero bastante; lo trato bien, nunca lo regaño... Pregúntele usted." "¿Es verdad?", me preguntó el capitán. "Es —le dije—; sólo me salí de su casa porque quería ganar más, pero el señor no me regaña, me da mi comida y mi ropa." "Pero si te da de comer bien, te da tu vestido y no te regaña..., pues vete con el señor. ¿Qué más quieres?... Bien comido, bien vestido... Haz de cuenta que es tu papá; allí duermes bien..., tranquilo..., tienes casa. Porque aquí no sabemos cuándo salimos, ni cuándo quedaremos muertos en el campo. Este viejito me da lástima, porque llegó llorando, pidiéndome que vuelvas. ¡Vete con él!..." Me dio cinco pesos el capitán, y me fui con el señor sordo.

Después de aquello, sólo estuve ocho días en la casa del carnicero; porque un día que volví a salir vi a una mujer que anduvo con uno de mis compañeros, cuando andábamos con Victoriano Huerta. Cuando me vio por la calle, me dijo: "¡Y *diai*, José!, ¿dónde andas?" "Aquí estoy, pasando la vida. *¿On tá* tu *Daví?*" "Ya se quedó muerto en la batalla. Ya me voy para mi tierra. Si quieres, vámonos, yo te llevo; traigo dinero y pago tu pasaje." Y me fui con la mujer de *Daví* hasta Oaxaca. Me había dicho que allí se quedaría ella y que yo seguiría para mi pueblo. Cuando llegamos a Oaxaca en el tren, me llevó para su casa; allí dormí una noche.

Al día siguiente, salí para tomar mi camino. Preguntaba por dónde iba el camino para San Cristóbal las Casas, y nadie me sabía dar razón; preguntaba a muchos y todos me decían que no sabían.

Cansado de caminar por la ciudad, fui al cuartel a

darme de alta. Apuntaron mi nombre; y me hice carrancista otra vez. Estuve ocho días en Oaxaca; luego mandaron llamar a la gente del cuartel, para México; y regresé. Nos despacharon para Córdoba; de ahí nos mandaron a un pueblecito donde habían entrado los zapatistas a robar. Nos quedamos a cuidar el pueblo. Estuvimos seis meses de guarnición. Allí fue cuando empecé a probar mujeres por la verdad.

Era yo asistente de un teniente. Cuando andaba franco, iba a tomar pulque a la plaza, donde se ponía a vender una vieja con la cabeza blanca. La mujer que vendía el pulque me preguntó una vez:

—¿Tienes mujer?

—No señora, no tengo mujer.

—¿Y por qué no te buscas una?... ¡tantas muchachas que hay aquí!

—Es que no sé qué cosas le voy a decir.

—Pero, ¿quieres mujer?

—Sí.

—¿Ya sabes cómo es la mujer?

—No señora, no he sabido cómo es la mujer.

—Si quieres, vamos para mi casa.

—Bueno, vamos.

Aquella vieja levantó sus cosas, y me llevó a su casa. Cuando llegamos, me dio de comer; luego que acabamos de comer, me llevó para su cama, y "a darle cuerda".. Luego que terminamos, regresé para mi cuartel. "Ora ya viste donde está mi casa, cuando quieras, ahi vienes."

Después, todas las tardes llegaba yo a la plaza, y me llevaba a su casa.

Una vez le pedí permiso a mi teniente para que me dejara dormir con ella. Él me dejó ir. Volví a la plaza, y esperé que recogiera sus jarras y la olla del pulque. Y esa noche fui a quedarme con ella hasta el otro día.

A la mañana siguiente volví al cuartel. El teniente me preguntó: "Bueno, qué: ¿es muchacha donde tú llegas a dormir?" "No —le dije—, es vieja, ya tiene la cabeza blanca."

Después de aquella noche, cada vez que ella quería que yo fuera, llegaba al cuartel, y preguntaba a las criadas que nos hacían de comer: "¿Está José?" "No sé si estará —le contestaban—; entre usté a ver." Entraba, y cuando la veía yo, entonces le hacía el alto con la mano, para que no me hablara delante de los compañeros; me daba pena que la vieran tan vieja. Yo me levantaba e iba a hablar con ella, y entonces me decía: "Te espero hoy en la noche." Y yo iba.

Se cumplieron los seis meses y nos despacharon para otro pueblo. La vieja que vendía pulque se quedó.

Fuimos a Córdoba de nuevo y estuvimos un mes; luego fuimos a Pachuca, donde estuvimos dos meses. En seguida nos mandaron a Real del Monte, donde sólo veinte días estuvimos; no aguantamos más, porque hacía mucho frío, y volvimos a Pachuca otra vez, de donde salimos para un pueblo donde nos atacaron los villistas.

Entraron en la madrugada. Nosotros estábamos dormidos, y el centinela también, cuando despertamos, porque tronaban los balazos. Salimos corriendo, pero nos tiraron. Nosotros éramos sesenta y cinco. Algunos quedaron muertos, otros corrieron, y veinticinco quedamos prisioneros en manos del general Villa. Nos preguntaron que por qué nos habíamos metido de carrancistas; yo contesté:

—Es que nos trajeron a fuerza los huertistas; y ahora que entró Carranza nos cambiamos.

—¿De dónde eres?

—Soy chamula.

El que me preguntaba, que era teniente, le dijo al general Almazán:

—A estos pobres los trajeron forzados.

—Ahora, ¿qué quieren? —nos dijo un viejo bigotón.

—Lo que yo quiero es andar con usted.

—¿Y ustedes? —les dijeron a mis compañeros.

—Así como dice este compañero; nos vamos a andar con usted.

—¡Pero de veras!; no despúes se vayan a pelar, porque les metemos bala.

—No señor, no nos vamos a pelar, aquí vamos a andar con usted.

—Donde vamos a entrarle a los balazos los vamos a despachar primero, para ver si de veras son hombres —nos dijo.

Nos dieron de alta otra vez, nos volvieron a dar las armas y nos regalaron cinco pesos a cada uno. Y quedamos con los villistas. Pero no fue verdad que nos iban a despachar por delante donde iban a atacar. Un teniente me pidió a mí de asistente, se llamaba David León. "Mira, José —me dijo—: si me quieres a mí yo te pido de asistente." "Usted lo que diga, señor", le dije. "Bueno pues, te voy a pedir con el jefe." Fue a pedirme y el general acepto.

La tropa salía a andar donde quería, para buscar y traer que comer; yo me quedaba con las mujeres. Ellos salían del campamento cada tres o cuatro días y se iban a los pueblos, por los caminos: y yo, cuidando a las viejas, haciéndoles los mandados, andando con ellas. Me daban de comer y me asistían bien.

Una vez que estaba yo cuidando las bestias, vino una mujer de uno de los soldados, y me dijo: "Oyes, José, ¿quieres?, vamos a banarnos al río", y como ésta sí era muchacha, fui con ella. "Quítate el vestido", me dijo. Ella ya se lo había quitado. Nos metimos al río, y ella empezó a jugar echándome agua, tres veces; luego, yo le empecé a echar. Y como ella me siguió echando, fui a abrazarla, y entonces supe lo que era, lo que quería. Y salimos a la orilla del río… Después, quedamos en que nos veríamos en el monte. "Cuando quieras —dijo— nos vamos al monte." Por eso, cuando le daba de comer a las bestias me iba al monte, donde ella me esperaba.

Así anduvimos por los campos y los montes, donde podían comer las bestias, hasta llegar a una hacienda que se llama *Matamoros de la Azúcar*; allí había caña y tenían fábrica de aguardiente. Cuando llegamos no había gente, habían corrido porque nos tenían miedo; todos se huyeron, porque eran carrancistas.

Estuvimos en aquella hacienda ocho días, comiendo guayabas, chupando cañas y bebiendo agua, porque no había más qué comer. Salimos después para Huajuapan de León, y allí estuvimos seis meses.

En este pueblo nos esperó la gente, no huyeron porque eran villistas.

Todo el dinero que llevaban nos lo dieron en sueldo a la tropa para comprar lo que quisiéramos, y cuando se les acabó, empezaron a sellar papel rayado. Para ir al mercado a comprar lo que uno quería, pagaba con el papel rayado. Estos papeles sólo los recibían en el pueblo, en otras partes no los querían recibir, porque no valía nada. Otros pedían fiado. Los jefes decían: "Ya viene el dinero." Y se acabó todo lo que tenía el pueblo, y no podíamos comprar en otras partes porque no querían el papel sellado.

El general Almazán nos reunió a todos, soldados, tenientes y capitanes, y nos dijo: "Ya todos los pueblos y haciendas los han tomado los carrancistas; yo me voy; porque no tenemos pueblo libre para poder entrar. Yo no quiero comprometerlos; a ver qué rumbo agarro. Pueden irse, o quedarse aquí; o si quieren ir a entregarse con las fuerzas de Carranza que están en Tehuacán, pueden hacerlo."

Decidimos ir rumbo a Tehuacán, y salimos de noche. Caminábamos por los cerros, y por los montes, durante toda la noche, y cuando llegaba el día nos metíamos a dormir, para que comieran las bestias. Al entrar la noche, tomábamos el camino otra vez. Llegamos a una hacienda cerca de Tehuacán, y de allí mandaron un escrito para la gente de Carranza, que estaba en el pueblo. En aquel papel decía que si querían recibirnos; que éramos ciento cincuenta hombres villistas que iban a entregarse en las manos de Carranza. El general Almazán nos había acompañado hasta aquella hacienda, y cuando regresó el que fue a dejar el mensaje al pueblo de Tehuacán, nos dijo: "Váyanse a entregar; yo no los acompaño porque si me entrego, tal vez me vuelen la cabeza." Él se fue de noche, y nos dejó allí a los ciento cincuenta hombres. Así que amaneció, tomamos camino para Tehuacán.

Nos vinieron a encontrar al camino los carrancistas, y nos topamos con ellos como a una legua fuera del pueblo. Llegaron con los máuseres en la mano, apuntándonos, y nosotros los recibimos con nuestros máuseres con la culata para delante. Cuando nos juntamos, nos echaron por delante y nos llevaron al cuartel. En la puerta nos recogieron las armas, y nos dejaron todo lo demás. Nos metieron al cuartel y nos encerraron. Nos preguntaron que por dónde habíamos estado, y nosotros les contamos los lugares por donde anduvimos.

Al otro día nos juntaron y nos dijeron: "Hora que ya están aquí rendidos y que ya entregaron las armas, ¿qué es lo que quieren? ¿Quieren seguir de carrancistas? El que no quiera seguir, puede salir libre, puede volver a su tierra a trabajar." Yo dije: "No quiero seguir porque quiero trabajar en el campo." Los que quisieron seguir de carrancistas se dieron de alta de nuevo.

—¿Para qué rumbo quieres ir? —me dijeron.

—Yo quisiera ir a Veracruz —dije. Porque quería conocer, ya libre, aquel pueblo. Quería andar libre, sin ser soldado.

—Te puedes ir allá, te vas en el tren. No te cuesta nada.

Me dieron mi boleto y veinticinco pesos; además, me dieron mi libertad.

Llegué a Veracruz, estuve cuatro días paseando, sin trabajar. Me sentaba en una banca del jardín para ver a la gente, venían los que andaban repartiendo papeles y me daban; yo ya sabía leer; les había preguntado a los que saben, en el cuartel me daban mis lecciones pero no me entraban, y preguntando, preguntando por donde caminaba, me fui enseñando. Luego, vino un señor a preguntarme si quería trabajar en una finca que se llamaba *Santa Fe;* le dije que sí. Me llevaron en un vaporcito en el que solamente podíamos entrar doce cristianos y que hacía muchos viajes para llevar gente a trabajar cortando y limpiando caña en aquella finca.

Trabajé nueve meses. Me pagaban dos cincuenta y la comida. Ya que no quise estar allí, me fui a otra finca que se llamaba *San Cristóbal,* donde trabajé tres meses en las milpas, y cuando ésta tampoco me gustó, me vine para mi tierra.

Cuando llegué a Tuxtla tenía ciento cuarenta pesos. Pedí posada en una casa:

"Buenas tardes, señora." "Buenas tardes." "¿No me da aquí una posada para quedarme?" "Cómo no, ¿quiere usté pasar pa dentro?" "No, aquí nomás me voy a quedar." Vino luego otro compañero, y nos quedamos a dormir juntos los dos.

Ya estaba yo durmiendo, cuando entraron dos ladrones, y cuando vine a sentir, estaba montado sobre mí uno de ellos; yo boca arriba y él me tenía la pistola en el pecho: "¡A ver la pistola! ¡Qué armas porta!" Yo le dije que no tenía ninguna arma, ni pistola ni cuchillo. "¡Entonces el dinero! ¿Dónde está?, ¡cabrón!" Y me quitaron los ciento cuarenta pesos que tenía debajo de mi cabecera. A mi compañero, el otro ladrón le puso un cuchillo, y también le robó lo que traía.

Amanecí sin dinero; triste estaba yo sin un centavo, sin qué comprar mi comida. Le dije a la señora que me había dado posada que los ladrones me habían robado mi dinero. "¿Y qué tanto tenías?" "Ciento cuarenta pesos." "¡Ah, pobrecito!", me dijo. Y me regaló cincuenta centavos.

Estuve triste y me enfermé. Me cogió dolor de cabeza, dolor de estómago y diarrea. Después, ya no me di cuenta. La señora llamó a la policía y le dijo que en su casa estaba un indito muriéndose. Vinieron y me llevaron para el hospital, y allí me estuvieron curando seis meses.

Cuando medio sané, empecé a ir a la plaza por lo que necesitaban en el hospital para los enfermos, y me pagaban un peso al día y la comida. Estuve un mes trabajando. No me dejaban volver a mi casa porque no estaba bien aliviado. Una vez, le dije al que estaba cuidando los enfermos: "Yo me quiero salir ya de aquí; quiero volver a mi tierra." "¿Aguantas a llegar a tu tierra?" "Parece que sí aguanto." Me dieron mis treinta pesos, y me vine caminando para mi tierra.

De Tuxtla vine a quedarme a Ixtapa, y de Ixtapa para mi casa hice medio día de camino.

Llegué a mi casa y saludé a mi papá; ya no me conocía.

A mí se me había olvidado hablar la lengua, poco era lo que entendía. Me preguntó mi papá que quién era yo, que de dónde venía.

—¡Si ya no me conocen!... ¡Soy Juan!

—¿Qué?... ¡todavía vives! Entonces, si eres Juan, ¿dónde has estado?... Fui dos veces a buscarte a la finca.

—Salí de la finca y me fui para México de soldado. Esto se lo decía yo hincado de rodillas.

—¿De veras te fuiste de soldado?

—Sí, papacito.

—¡Ay, hijo de la chingada! ¡Cómo no te llevó la chingada de una vez!

—No, porque Dios me cuidó.

Llamó entonces a mi mamá.

—¡Hija, vení a ver a tu hijo Juan! ¡Aquí vino a resucitar ese cabrón!

Vino mi madre y le dijo mi papá:

—¿Lo conoces a éste?

Yo le dije, hincándome de nuevo:

—¡Yo soy Juan, mamacita!

Mi madre se puso a llorar y dijo a mi padre:

—¡Ves cómo volvió nuestro hijo ya hombre!... Eras tan malo que tuvo que irse porque le pegabas mucho.

Mi padre dijo:

—Está bien que volvió, ¡qué vamos a hacer!... Entra para dentro.

Me dieron una silla; me senté. Me les quedé viendo... No pude platicar con ellos, ya no podía hablar bien el idioma.

Llamaron a mi hermano Mateo y a mi hermana Nicolosa para que me vieran:

—¡Vengan; que volvió Juan el huyón!

Vinieron mi hermano y mi hermana a saludarme, pero

yo no podía hablarles, sólo los miraba. Ellos no me conocían porque chico me fui, chicos los dejé.

—Es su hermano mayor el huyón...; el que se fue porque le pegaba mucho su papá —les dijo mi madre.

Entonces mi hermana me dijo:

—Nosotros creíamos que te habías muerto.

—¿Yo?, ¡no! Porque Dios me cuidó; ¡gracias a Dios!

—Gracias a Dios que te volvimos a ver la cara.

Yo les hablaba palabras en castilla y palabras en la lengua, porque no podía decirlo todo en la lengua. Ellos se reían de mí porque no decía bien las cosas en la lengua. Y aquí me quedé, a vivir otra vez en mi pueblo.

La primera noche desperté cuando mi padre, inclinado, soplaba sobre el fogón. Sentí temor de que se acercara a mí, y, lleno de furia, me despertara de una patada. Pero no lo hizo, ¡ya era un hombre! Mi madre bajó de la cama y le dio el agua para que se lavara las manos. Ella se lavó también, y empezó a moler en la piedra el maíz cocido para las tortillas.

Todos nos sentamos alrededor de la lumbre para calentarnos, y yo me quedé mirando las llamas... cómo en volvían el comal en que se cocían las tortillas.

Mi padre empezó a hablar de las cosas que se decían en el paraje. A Rosa, la mujer de Mariano, se la habían llevado los *mayores* al pueblo. Decían que la habían visto con un muchacho en su casa, cuando Mariano andaba trabajando; que ella lo llevó para que durmieran juntos los días que iba a estar Mariano trabajando en las fincas.

Mi madre dijo: "¡Cómo hay mujeres malas!, por eso los hombres les pegan. Hora que tenemos aquí a nuestro Juan no quiera Dios que le toque una mala mujer."

Mientras mi madre hacía las tortillas, recordaba yo muchas cosas que ya se me habían olvidado; los sueños de mi madre, las cosas que los viejos cuentan, las penas y las alegrías de todos...

Pasadas tres horas, el día empezó a aclarar; el sol se apareció detrás de los montes. Mi madre puso unas brasas en el incensario de barro y salió a recibir los primeros rayos del sol; echó copal al brasero, se hincó, besó la tierra, y pidió al sol salud y protección para todos.

Volví a Chamula el 14 de agosto de 1930; al otro día era la fiesta de Santa Rosa, y me dijo mi padre: "Así como andas vestido no le vas a gustar a la gente; es mejor que te mudes de ropa."

Me quitaron mis trapos y me dieron un *chamarro* de lana que me cinché al cuerpo con un cinturón de gamuza, sobre mi calzón y mi camisa de manta. Ya era de nuevo chamula.

Pero no me hallaba con este vestido; tenía miedo de salir de mi casa, no quería que me vieran. Estaba triste y no fui a la fiesta.

Los primeros días estuve en la casa, ayudando en lo que se necesitaba. Iba a traer leña todos los días, limpiaba la milpa, removía el corral de los carneros.

Yo estaba triste; ya no sabía vivir como chamula. Y entonces pensé: "¿Para qué vine a mi pueblo? ¿Qué me hizo venir? Si no pude estar aquí cuando era chico... Ahora que todo lo veo tan raro, que no puedo hablar como la gente y que se me han olvidado las costumbres... ¿qué voy a hacer?... Me da vergüenza vestirme como chamula, y si me visto así me veo feo... No puedo salir al pueblo; siento que me miran mal, que hablan de mí..."

Mi padre había oído lo que decía la gente cuando me veían: "Mira, ya vino Juan, dicen que anduvo matando gente, anda muy aladinado." [27]

Yo ya no quería estar en mi pueblo; pero tampoco pude irme otra vez.

Y me quedé en la casa, trabajando, oyendo a mi madre hablar la lengua. Y así estuve muchos días, junto a ella, como si hubiera sido un niño. Me daba gusto pensar que ya tenía yo mamá otra vez. Y empecé a sentirme de nuevo contento, junto al calor de la lumbre que ardía en medio de la casa.

Luego vino la fiesta de San Mateo (Corpus Christi). Todos los de mi casa fueron al pueblo; pero yo no quise ir y me quedé.

Más tarde vino la fiesta del Rosario y tampoco fui. No quería que la gente me viera vestido como chamula sin que pudiera yo hablarles.

En Todos Santos fui a San Cristóbal con mi padre, a pedir un garrafón de *trago* para la fiesta. Entonces estuve con todos los de mi casa. Era la primera fiesta a la que iba. Mi padre me decía lo que debía yo de hacer en cada caso.

Se hicieron los preparativos. (En el tapanco y dentro de un cajón, se guardaban los *trastes* para poner la comida a las ánimas; allí quedaban guardados todo el año y sólo se sacaban en este día. Al terminar la fiesta se asoleaban para que no se pusieran negros y se guardaban de nuevo.) Sacaron del cajón los *setz* [28] para servir el caldo y la carne con repollo, los *boch* [29] para el atole agrio y un platito para la sal.

Uno de mis hermanos fue al pueblo para tocar la campana del barrio y llamar a las ánimas. Yo fui con mi padre al panteón, limpiamos las yerbas de las tumbas de nuestros parientes, y para marcarles un caminito en dirección a la casa para que no se perdieran sus ánimas cuando fueran por su ofrenda; este caminito, que sólo se comienza en el panteón, se termina con un pedacito que señala la entrada de la casa. "Aquí, en esta casa —dijo mi padre—, murieron mis padres y los padres de mi padre; allá, a aquella otra, irán las ánimas de los padres de mi madre, porque allá vivieron y allá murieron."

En cada casa había una mesa con la comida para las ánimas. La mesa para las ánimas de nuestros parientes tenía flores hembras *potze nichín* [30] y juncia.[31] A las ánimas se les ponían dos pedazos de carne cocida en caldo con repollo, tres *pilabil*,[32] tres *chenculbaj* [33] y un *huacal* [34] de *pajalul*,[35] para cada una.

A mi madre le ayudaron a preparar la comida y a ponerla sobre la mesa.

Sólo llegarían las ánimas de los que heredaron bienes a mis padres; los que no dejaron nada no fueron llamados.

Mi madre llamó a las ánimas por su nombre, a sus padres, a sus abuelos, a los padres y abuelos de mi padre, y les dijo: "Vengan a comer, vengan a sentir el sabor, vengan a sentir el humo de lo que ustedes comían."

Por la noche fueron a prender velas en las casas donde murieron otros parientes. Yo me quedé en la casa nueva, donde no iría ninguna ánima. Teníamos allí un garrafón de aguardiente. Conmigo estaban mis hermanos y ellos se durmieron pronto.

En todas las casas había candela, y de seguro estaban allí las ánimas que habían salido a visitar a sus parientes. Llegó mi padre con sus hermanos, cuñados y conocidos a tomar trago. Tomaron una copa y empezaron a hablar Uno de los viejos que venían con mi padre dijo:

—Qué solo se ha quedado *Chultotic*.[36]

"La madre de *Chultotic* es *Chulmetic*.[37] El padre de *Chultotic* ya no vive; ni él ni su ánima llegan a este mundo. Murió hace mucho tiempo. La Virgen *Chulmetic* lloró mucho cuando murió su señor. Entonces, su hijo *Chultotic* le dijo:

56

—"No llores, madre, que mi padre volverá a los tres días; en cambio, si lloras, no volverá nunca más.

"*Chulmetic* lloró mucho sin oír las razones de su hijo, y el padre del sol no regresó más. Si nuestra madre *Chulmetic* no hubiera llorado, todos los hombres y mujeres que mueren volverían al tercer día después de muertos. Por eso todos los días va *Chultotic* al *Olontic* a ver a su padre y a los que han muerto en cada día y que ya no volverán; sólo sus ánimas salen hoy a visitar a sus parientes."

"El padre de *Chultotic* es el que da los castigos a los muertos: a los que robaron y pegaron les quema las manos; a los que engañaron a sus maridos o esposas, y se buscaron amantes, les quema con un fierro ardiendo sus vergüenzas. Los que mataron un hombre o una mujer, reciben los castigos de sus propias culpas y los que debía recibir, por las suyas, el matado. . ."

Tomaron otra copa y se fueron a otra casa donde había comida para otras ánimas. ¡Qué larga se me hizo la noche!

Cuando amaneció, fueron mis hermanos a recoger los platos a la casa donde llegaron las ánimas, y al mediodía se distribuyó la comida que las ánimas habían dejado.

El día 3, fui muy temprano a San Cristóbal para pedir dinero al habilitador de la finca *El Escalón,* y me dieron cincuenta y cuatro pesos. Regresé a la casa con el dinero, compré mis *caites* [38] y mi sombrero. Entregué a mi papá cuarenta y nueve pesos para que me los guardara, y le dije: "Si los desquito bien, son para nosotros; pero si no está bueno el trabajo, regreso y devolvemos el dinero."

El día 5, cogí camino para la finca. El caporal, montado a caballo, nos llevaba. Éramos muchos. Algunos iban *bolos,* [39] otros querían huirse porque no les habían dado lo que iban a desquitar; unos iban a pagar con trabajo las deudas de sus padres ya muertos, y otros las multas que el enganchador entregó por ellos al presidente de San Cristóbal, que los había metido a la cárcel por andar algo noche por las calles.[40]

Tres se huyeron. Llegamos a la finca. Estaba bueno el trabajo y me quedé a desquitar lo que me habían dado. Poco más de un mes estuve, y así que ya no debía nada, volví a mi casa.

Cuando llegué, me encontré con que mi padre vivía en el pueblo de Chamula; se había mudado del paraje. Ya era *primer gobernador*. Había gastado los cuarenta y nueve pesos para recibir su cargo. Compró maíz, ocote y un garrafón de trago.

En el mes de febrero fui a su casa del pueblo:

—¿Ya viniste? —me dijo.

—Sí, papacito.

—Ya ves que ahora me han nombrado gobernador, y el dinero que me habías dejado lo gasté comprando mi maíz, para poder vivir aquí en el pueblo; ya te lo devolveré después.

Para gobernar al pueblo, para arreglar a la gente, para hacer justicia, cada vez hay que tomar aguardiente. En el cabildo se reunían las autoridades y todos tomaban cada vez que tomaba el presidente. Todos los que pedían justicia, todos los que tenían delito, llevaban a las autoridades uno o dos litros de aguardiente. El presidente tomaba y tomaban también las autoridades. Cuando conforman a los hombres que se pegan, cuando apartan a los hombres de las mujeres con quienes han vivido, cuando hay que repartir la tierra entre los hijos de los que se han muerto, cuando hay que devolver las tierras que se han vendido, todo se arregla con trago, todo es una borrachera.

La justicia se hace en todas partes; en el cabildo, en la casa del primer gobernador, en la plaza frente a la igle-

sia. Cada autoridad que conforma a los que se pelean re-
cibe, en cambio, aguardiente. Cuando mi padre era primer gobernador, los que querían justicia iban a su casa y
allí estaban también los alcaldes y regidores. Cuando se
hacía justicia en la casa del primer alcalde, allá iban el
primer gobernador y otras autoridades. Cada uno de
los que tenían culpa llevaba aguardiente y decía: "Ya ves
qué tanto es mi delito; usted me perdona y no lo vuelvo
a hacer otra vez." Recibían una o dos botellas de trago,
y se lo tomaban. Poco después se presentaba otro, averi-
guaban el delito, lo regañaban las autoridades, y recibían
más trago. Otros se presentaban para pedir mujer, y más
se emborrachaban. Al cabildo llegaban, todos los días, los
barriles de aguardiente que el secretario vendía y todos
los días llegaba mi padre borracho, pero ahora ya no le
tenía yo miedo. Él me decía:

—Mira, Juanito, ve las muchachas, a ver cuál te gusta;
ahora que estamos en el pueblo, ahora que soy autoridad... y me dices y la vamos a pedir.

—Sí —le decía yo—, pero ahi será después porque no
tengo dinero.

—Aunque no tengas dinero; como yo gasté los cuarenta y nueve pesos que me dejaste, vamos a vender el
maíz que tengo aquí, que son varias fanegas y que compré con tu dinero.

—Si es así de verdad...

Le dije cuál era la mujer que me gustaba: una que
vivía cerca de mi casa y que miraba todos los días.

—Bueno, te la vamos a pedir... ¿Te gusta?

—¡Sí, me gusta, y ésa nada más!

—Sí, pero es Tuluc,[41] me dijo.

—Qué le hace, si en castilla me llamo Jolote.

Habló con mi mamá, y dijeron:

—Vamos a probar si nos la dan, porque el Juanito no es criado aquí, hace poquito que llegó.

Fueron a la casa de ella con un litro de trago y me llevaron a mí también. Llegaron a la casa del papá de la que quería como para mí, y le hablaron:

—¡Buenas tardes, hermano!

—¡Buenas tardes, hermano gobernador!

—Buenas tardes, señora —dijo mi mamá.

—Buenas tardes, señora gobernador —contestó la señora—. ¿Qué andan haciendo? Pasen, entren. ¿Qué quieren? ¿Qué buscan?

Al entrar les dieron una silla:

—¿Qué gustan?

—Es que... los vinimos a molestar por su hijita de usted; ya ve que mi hijo Juan hace poco que volvió para acá, y él quiere tener mujer; quiere vivir igual que nosotros.

—Pero no es criado aquí —dijeron ellos—. Ahi vamos a ver si cumple con lo que él ofrece. ¿Dónde está Juan?

Yo me había quedado afuera.

—Está fuera.

—Que pase adentro para que platiquemos con él.

Llegué a la puerta.

—Buenas tardes, Juan, pasa dentro; ¿qué es lo que quieres?, ¿qué necesitas?

Entré saludando al viejo y a la mamá, y me dieron una silla para que me sentara.

—Habla —me dijo el viejo—, ¿qué es lo que quieres? ¿Es cierto lo que tu papá y tu mamá están diciendo?

—Dí a lo que hemos venido —dijo mi padre—, ¡híncate!

Me arrodillé, y dije:

—Pues sí, tío, tía; ustedes ven que yo no tengo mujer, que quiero ser igual a ustedes, que viven casados y tienen mujer; que su hija me gusta y quisiera casarme con ella.

—Pero... qué, ¿sabes trabajar?, porque la mujer necesita que la mantengas —dijeron los viejos.

—¿Yo?, sí señor, porque tengo mis manos buenas, no soy *tunco*.[42]

—Sí; pero hay varias muchachas aquí, ¿por qué no van a pedir a aquellas muchachas hijas de aquéllos? Ahí está la Petra Pérez Culish, que es más mejor pa que te juntes con ella —me dijo.

—Sí, será buena, pero yo no la quiero; la que quiero es la Dominga. Si no me la da, me muero. Ya ve que aunque estén las muchachas, pero no me gustan —les dije—; sólo con su hija quiero vivir, si aceptara mi voluntad y mi cariño.

—¿Pero no ves que eres de lejanas tierras, que no te has criado aquí y que, tal vez, nomás quieres probar a mi hija y la vas a dejar para volver a donde te has criado?

—No, señor —le dije—, la verdad de Dios que aunque sea de lejana tierra, una vez que he venido aquí, si me quiere tu hija, verán cómo cumplo lo que he dicho. Lo que quiero es vivir en nuestro pueblo y dar servicio como ustedes lo están dando.

Dijeron a mis viejos:

—¿Será verdad lo que está diciendo este Juanito?

—Dice que es verdad —contestó mi padre—; que se va a quedar aquí, que no se va a ir.

Y mi madre aumentó:

—Me lo está diciendo todos los días: "¡Ay!, mamacita, yo veo a esa muchacha que se llama Dominga, y me quisiera casar con ella."

Después me dijeron los papás:

—Mira, Juanito, nosotros estamos acostumbrados aquí a querer a la mujer que trabaje; la Dominga no sabe trabajar, no sabe tejer, es una muchacha que, como la ves, es una haragana; si tú quieres tu *chamarro* no te lo va a hacer.

—Eso no le hace; el *chamarro* que yo quiero lo puedo comprar.

—Entonces, qué, ¿será verdad? —dijeron de nuevo.

—No le hace que su hija sea haragana; yo también puedo hacerle los *chamarros* a mi hijo Juanito —dijo mi mamá.

Yo veía cómo ella trabajaba; mi papá y mi mamá la veían hacer *chamarros* para vender, todos sabían que la Dominga no era haragana.

—Bueno —dijeron los padres de Dominga—, si es verdad ahi resolveremos otra vez.

—Está bien —dijeron mis viejos, y entregaron el litro de trago.

Cuando recibieron el litro de aguardiente, la llamaron:

—Ven acá, Dominga, ¿cuántas veces te ha hablado Juan?

—¡No, papá!, no me ha hablado —dijo ella.

—Porque si yo llego a saber que ya hiciste algo con Juan, te voy a echar de cuartazos.

—No, papacito, ¡por Dios!, no me ha hablado; sólo me dice donde me ve: "Adiós, Dominga"; pero no me paro a hablar con él.

—Pues ahora ha venido a decir aquí que quiere casarse contigo el Juan. ¿Lo quieres? ¿Te gusta el Juan para que te cases con él? Si no, dime la verdad.

—Yo no sé qué es lo que dicen ustedes. . .

—Pues yo —dijo el padre— ya recibí el litro de trago, así es que te vas a casar con él. Ve a ver la casa de tu suegra, a ver cómo se portan; si se portan mal, te regresas a tu casa. Pero no horita, hasta. . . hasta dentro de un mes, porque tenemos que platicar con tus tíos y tus tías, para averiguar cómo se portan.

—Está bien, papá.

—Nomás para eso te llamé, vuelve a tu quehacer —le dijo el viejo.

Se tomaron el trago. Yo lo fui sirviendo, primero al papá de la muchacha, luego a mi papá, luego a la mamá de la muchacha, en seguida a mi mamá, y por último yo.

Cuando se acabó el litro de trago, dijo el padre de Dominga:

—Ahora, ahi ven cuando vuelven otra vez, que yo estaré aquí.

Nos despedimos y volvimos a la casa.

A los cinco días regresamos a hablar para ver qué habían pensado; para saber qué habían dicho de nosotros los tíos y las tías.

—Está bien —nos dijeron—; si cumple con lo que ha ofrecido, si va a dar servicio en el pueblo, le vamos a dar la muchacha.

En esta vez nos llevamos dos litros de aguardiente, porque yo ya sabía que me la iban a dar.

Cuando recibieron el trago, me dijeron.

—Espera hasta el otro mes; no creas que te vas a llevar ya a tu mujer.

—Está bien —dijimos nosotros.

Después tomamos el trago, y cuando se acabó nos regresamos para la casa. Cuando llegamos, me dijo mi papá:

—Allí está segura la muchacha. Ahora que no tenemos el dinero vamos a vender el maíz.

—Mire usted, papá, no es fuerza que vendamos el maíz; mejor yo vuelvo a la finca otra vez.

Y fui otra vez a San Cristóbal, a pedir dinero con los habilitadores, y me dieron cincuenta y cuatro pesos para trabajar tres meses. Tenía ya el dinero en mi mano, sólo

esperaba que llegara el día que los suegros me habían dicho para casarme.

Llegó el día y empecé a buscar "los gastos"; compré uno cincuenta de plátanos, un peso de naranjas, dos atados de panela, seis pesos de pan, cuatro pesos de carne, un garrafón de trago, que me costó ocho pesos, y cuatro cajas de cigarros.

Para que "entraran los gastos" llamé a mi hermano Mateo, a mi hermanito Manuel, a mi cuñado Marcos López y Ventana, con sus mujeres, que ayudaron a llevar la canasta del pan. Fueron también mis padres. Yo iba cargando el garrafón de trago.

Llegamos a la casa a las seis de la tarde. Al llegar saludáronnos los viejos, y me recibieron buenamente "los gastos" que llevaba.

El papá de la Dominga lo contó todo: cada cosa de lo que había yo llevado, un tío y su mujer le ayudaron. Me preguntaron cuántos eran los gastos de cada cosa, y de todas. Cuando supieron qué tanto dinero gasté, empezaron a servir el aguardiente del garrafón. Sacaron primero dos litros y una *negra*.[43] Después de contados los gastos y cuando ya tenían el trago en las botellas, nos dijeron:

—Entren y siéntense.

Yo iba con *chamarro* negro, camisa, calzón y *caites* nuevos.

Empezaron a comer la cena que ellos habían preparado, y después de los primeros bocados, me dijeron:

—Hora tú, Juan, sirve una copa.

Y yo les serví una copa a cada uno de los que había en la casa.

Dominga estaba con naguas y huipil nuevo, bien peinada y bien bañada.

Luego que acabaron de cenar, se despidieron mis parientes para irse a sus casas y me dejaron a mí solo, con la recomendación de que no me emborrachara, que todo el trago que me dieran lo guardara. Y a mi suegro le dijeron:

—No emborraches a mi Juan.

Mi papá me enseñó cómo debía servir el trago, y me dijo que al otro día que amaneciera fuera temprano al monte a traer leña.

Se quedaron en casa los viejos, los abuelitos, los tíos y los hermanos de mi mujer, y con ellos yo me quedé también.

Pidieron más trago; ahora la copa en que servía era más grande, era un vaso para cada uno de los hombres. A mí me dieron mi copa, y me dijo mi suegro:

—Guárdala, porque si me emborracho, tú me vas a cuidar que no me vaya a quemar.

Dominga se había quedado sentada en un rincón; cuando le servía su copa la guardaba en su botella y me decía:

—No vayas a tomar, cuida a nuestro papá.

—Ni tú tomas, ni yo tomo —le contestaba.

Ella mantenía en sus manos el ocote encendido, y se levantaba a poner leña al fuego cada vez que se iba acabando; luego se volvía a su rincón. Yo estaba sentado, con la botella entre las piernas, viendo lo que todos hacían, oyendo lo que todos decían.

—Oye, Juan —me decía mi suegro—, sírveme más, que quiero tomar; si no me sirves más, ¿para qué trajiste el garrafón?

—Sí, tata, tome usted —y le servía en su vaso.

Estaban en la casa Salvador Hernández Lampoy, hermano de mi suegra; Domingo Heredia Mokojol, hermano de mi mujer, y mis cuñados Pascual Pérez Unintuluk, Andrés Pérez Unintuluk y Agustín Pérez Unintuluk. Cada uno de ellos vino con su mujer, y a todos les servía yo. Las mujeres ya no tomaban, el trago que recibían lo guardaban, para no emborracharse y para ofrecerlo a sus maridos al día siguiente.

A ratos, entre trago y trago, el papá de mi mujer y los demás platicaban:

—Ya ves cómo se casó nuestra hija; a ver si cumple nuestro yerno.

Ya no hablaban bien, y entre la plática iban cayendo, uno por uno, hasta quedarse roncando. Cuando todos los hombres estaban bien dormidos, las mujeres, todas en juicio, cuidaban cada quien a su marido.

Me llamó mi suegra y me dijo:

—Cuando tu suegro pida más trago le decimos que ya se acabó, que nada queda en el garrafón, aunque haya; lo dejamos para que beban mañana.

Cuando volvió a recordar mi suegro, me dijo:

—Oyes, Juan; oyes, hijito... sírveme otro trago.

—De dónde va a sacar más —dijo mi suegra—, que ya se acabó el garrafón.

—Está bueno; ya no hay más... me voy a acostar—. Y se quedó roncando.

Entonces me dijo mi suegra.

—Estate sentado y ve si vuelve a pedir.

Dominga seguía en el rincón, con el ocote encendido entre sus manos. El grupo de mujeres, sus tías y abuelas, estaba junto a ella; y yo, por otro lado, con los hombres.

Cuando amaneció, le dije a mis suegros:

—Ahi esténse, voy a traer un tercio de leña.

—Bueno hijo, ve por el tercio de leña, nosotros vamos a poner lo que trajiste—. Y ellas se quedaron a moler para hacer las tortillas y a cocer lo que yo había llevado.

Pronto volví con mi tercio de leña. Ya estaba mi suegro despierto, preguntando por mí:

—¿Dónde está Juan?, ¿dónde está mi hijo?

—Fue a traer leña, espera un rato.

El almuerzo estaba hecho; habían cocido la carne fresca que yo había llevado, le habían puesto repollo, y habían hecho café para tomarlo con pan después del almuerzo.

Cuando llegué, me dijo mi suegro:

—¿Ya viniste, hijito?

—Sí, papacito.

—¿Fuiste a traer leña?

—Sí, señor.

—El trago que recibiste anoche, ¿lo guardaste?

—Sí, señor papacito, lo tengo guardado; ¿quiere usted otra copa?

—Sí, hijito, por eso te estoy esperando.

—Con mucho gusto le voy a servir.

—Sirve una copa para que almorcemos.

Me dijo que les diera a todos los hombres que estaban sentados, y a las mujeres les dijo:

—Sirvan el almuerzo mientras tomo mi copa.

Yo serví a los hombres una copa a cada quien. Después que tomaron, mi mujer arregló el *bochilum* [44] y fue poniendo agua a uno por uno de los hombres para que se lavaran. En seguida mi mujer empezó a servir la comida; primero a mi suegro, y luego a uno por uno de los hombres, y después a las mujeres de sus parientes. Sirvieron luego las tortillas, que todas habían echado, y el plato de sal. Dijo entonces mi suegra a mi mujer:

—Mira, hijita, se acabó el garrafón de trago que trajo mi hijo y aquí hay otro poquito, sírvelo y ve cuánto sale.

Juntamos el aguardiente que ella no había tomado, y salieron tres litros. Entonces sirvió mi suegra, para tomar en la comida.

Antes de empezar a almorzar, dijo mi suegro:

—Compañeros, vamos a almorzar para que se vayan a sus casas; todos vieron cómo recibí a mi yerno.

Y cada uno contestó: "está bien", "sí, tío", "sí, hermano', "sí, *banquil*,[45] todos vimos cómo fue entregada tu hija".

—A ver si cumple este Juan, nuestro hijo —dijo a su mujer—. Si sirve nuestra hija, está bien; si algún día se disgustan, y viene a esta casa tu hija por un disgusto de Juan, entonces no tenga la esperanza de que se le devuelva el dinero que gastó.

Luego, me dijo a mí:

—Ya oíste lo que dijimos entre todos. No esperes que devolvamos tu dinero, si algún día le llegas a pegar a mi hija; ya sabes lo que dijimos.

—No tenga cuidado, papacito; no tenga cuidado, mamacita —yo me inclinaba frente a ellos y frente a cada uno de sus parientes para que me tocaran la cabeza con su mano;[46] ellos lo hacían, y aceptaban así mi demostración de respeto.

Los invitados almorzaron, devolvieron los trastes y se fueron. Sólo yo me quedé en la casa con mi mujer y los viejos.

Cuando nos quedamos solos, me dijo mi suegro:

—Vamos a trabajar.

El primer día, quebramos tierra con el azadón para sembrar el maíz, y al mediodía volvimos a casa a tomar el *pozol*.[47]

—¿Aquí estás? —le dijo mi suegro a mi mujer.

—Aquí estoy —dijo Dominga.

—Ve a batir el *pozol*, porque vamos a tomar.

Primero tomó mi suegro, y mi suegra dijo a mi mujer:

—Bátele también *pozol* a tu marido.

Ella obedeció, y yo tomé. Después que tomamos, volvimos a trabajar un poco más, mientras que llegaba la

hora de comer, y a la hora de comer regresamos, y comimos carne con repollo y camotillos.[48]

Después de comer fuimos al monte a traer leña, y cuando regresamos, me dijo mi suegro:

—Vete a descansar; si quieres ir a ver a tu papá o a tu mamá, anda.

Fui a visitar a mis padres.

—¿Qué tal te fue? —me preguntaron—. ¿No se pelearon?

—No —dije yo.

—¿Dormiste?

—No; casi nos amanecimos sentados.

—Bueno —dijo mi papá—; ahora te vas a ver en qué van a trabajar mañana; a ver cuándo te van a mandar para acá con tu mujer. Lo que tu suegro diga tienes que obedecer.

—Está bien, papá.

Volví a la casa un poco tarde, y saludé:

—Buenas tardes, papá suegro; buenas tardes, mamá suegra.

—Buenas tardes hijo, pasa adentro y siéntate; vamos a calentarnos.

Me senté junto al fogón hasta que llegó la hora de cenar. Después que cenamos, me dijo mi suegro:

—Vamos a dormir, porque tenemos que levantarnos temprano para traer un tercio de leña—. Luego le dijo a Dominga: "Tiende su cama a tu marido y acuéstense a dormir los dos."

Íbamos a dormir en una cama que mi suegro había pedido prestada a su hermana. Mi mujer tendió los dos *tasil*,[49] que ella había tejido para la noche de bodas, y puso tres *chamarros* nuevos para taparnos. Yo me acosté con mi calzón y mi camisa y ella con su nagua y su *huipil*, pero se desató su faja. Ya acostados, comencé a acariciarla y le dije:

—¿Me quieres como yo te quiero?

—Sí, te quiero.

Entonces le acaricié los pechos, y le decía:

—Dámelo...

—No, porque están despiertos mis papás.

—¿Y qué?; ellos también lo hicieron cuando se juntaron.

—Sí, pero hora no.

Me sentía rendido y no tenía muchas ganas. Además, tenía miedo de que los viejos estuvieran despiertos. Y acariciándola, me quedé dormido.

Dominga despertó primero; sentí cuando hizo el impulso para levantarse.

—¿Ya te vas a levantar?

—Sí —dijo—, ya despertó mi mamá; ya va a amanecer.

Los viejos hablaban. Ella se levantó y se puso a lavar el nixtamal que se había cocido en la noche mientras dormíamos.

La vieja se levantó también, y se puso a lavar el metate. Mi mujer ya había prendido la lumbre. Después me levanté, y el viejo se levantó también. Cogimos nuestras hachas y fuimos al monte por leña. Por el camino, me decía el suegro:

—Cuando yo me junté con tu suegra fui también a traer leña. Ustedes deben acostumbrarse a levantarse temprano, para que con el tiempo junten su dinero y compren sus animalitos, porque somos muy pobres. Si ella no se quiere levantar temprano, la despiertas; y si no quiere, me vienes a decir, para que yo vaya a decirle que se levante más temprano. Yo no te voy a detener cuatro días o más; hoy en la tarde te vas a tu casa con tu mujer.

—Hay suegros que tienen a sus yernos ocho días —me

siguió diciendo—, yo no saco nada con eso. Hoy te vas a tu casa con tu mujer.

Yo estaba contento porque ya me iba para mi casa, a dormir con mi mujer.

Cuando volvimos con la leña ya estaba el almuerzo preparado, y almorzamos. Después fuimos con el azadón a quebrar la tierra; entre diez y once tomamos *pozol*, y a la una la comida. Después seguimos trabajando hasta las cuatro de la tarde, y volvimos a la casa a cenar; cenamos temprano, porque yo iba a andar para mi casa con mi mujer. Después de la cena, dijo mi suegro a mi suegra:

—Mira, vieja; ahora se va nuestro hijo Juan, no lo vamos a detener; vale más que se vaya con su mujercita a ver los trabajos de su papá.

Luego, dijo a mi mujer:

—Tú, Dominga, lleva todo lo que tienes; tus *chamarros*, los *tasil*... tu ropa.

Nos despedimos de los viejos.

Al llegar a mi casa, saludamos:

—Buenas tardes, papá; buenas tardes, mamá.

—¿Adónde vas?

—Aquí vine con mi mujer, porque me dijo mi suegro. Entonces saludó mi mujer.

—Buenas tardes, papá suegro; buenas tardes, mamá suegra.

—Pasen adelante.

Entramos; y como yo ya tenía mi cama, ella puso sus *chamarros* sobre mi cama, después de que le dijo mi mamá:

—Ahí está la cama de tu marido; sacúdela y tiéndela

Yo también tenía mis dos *tasil*, mis *chamarros*, mi petate y cabecera. Ella tendió la cama.

Como todavía no habían cenado mis papás, me dijeron:

—Ven a cenar.

—Pero ya vinimos cenados; hasta mañana cenaremos aquí.

—Entonces, acuéstense ya; ¡qué van a hacer si no quieren comer!

Nosotros fuimos a acostarnos. Nos quitamos los vestidos; hora sí dormiríamos encuerados. Ella se desnudó completamente, sin que yo le dijera. Nos tapamos. Ella me acariciaba y yo también la acariciaba.

Acabaron de cenar mis padres; alistaron sus camas y se acostaron a dormir.

—Duérmanse, que pasen buena noche —dijeron los viejos.

—Buenas noches —contestamos.

Y apagaron la luz.

Yo no dije nada a Dominga, ella se dejó, se entregó sin decirme nada; lo hicimos despacio... para no hacer ruido, para que no despertaran los viejos. Esa noche le subí tres veces, una vez cada hora.

Temprano, la desperté diciéndole:

—Ya está amaneciendo.

Mi mamá dijo a Dominga:

—¿Ya está amaneciendo?

—Ya —dijo ella—; me voy a levantar.

Se pararon ellas y una hermana más también, y empezaron a moler maíz.

Cuando ya el día estaba claro, nos dijo mi madre:

—Ya levántense, ya amaneció.

Nos levantamos mi padre y yo; comimos, sin traer leña, porque ya teníamos en la casa. Después del almuerzo, nos fuimos a limpiar la milpa.

Cuatro días estuve en la casa de mi padre, ayudándole y trabajando. Después, preparé mi viaje y salí a la finca del *Escalón,* a desquitar lo que me habían adelantado para juntarme con mi mujer.

El día que me iba, le dije a mi mujer:

—Yo tengo que ir a desquitar el dinero que debo; el que pedí para el gasto que di por ti. Hazme unas veinte tostadas nada más, porque voy a comprar tortillas en el camino.

—¿No quieres más?

—No. Aquí te vas a quedar con mis papás; si quieres ir a visitar a tus papás, ve; si quieres quedarte a dormir con ellos, anda; como no voy a estar aquí, está bien que lo hagas.

Me preparó bastantes tostadas para el viaje.

El día que salí, le dije:

—Aquí te dejo estos veinte pesos para que compres lo que quieras—. Pero ella me dijo:

—Mejor déjalos en la mano de tu madre.

—¿Por qué los voy a dejar en la mano de mi madre, si tengo mujer?

—¿No me regañará?

—No, tómalos.

Entonces recibió el dinero, y yo le dije a mi mamá:

—Mira, le voy a dejar a mi mujer veinte pesos para que compre lo que quiera: fruta. . . lo que comen ustedes, o lo que ella quiera.

—Está bien, déjaselos a ella. Si no tuvieras mujer, me los dejarías a mí; pero como ya tienes tu mujer, deja el dinero en su mano.

Al otro día, cuando amaneció, cogí el camino de la finca. Hice cuatro días andando, y cuando llegué, me dieron herramientas para el trabajo. Sólo un día trabajé en el campo, después me pusieron a trabajar con el albañil, en el patio donde se seca el café. Allí estuve hasta que desquité los cincuenta y cuatro pesos que había pedido para juntarme con mi mujer.

Cuando salí de la finca había pagado lo que debía y, además, había ganado quince pesos. Pasé a comprar dos almudes de chile; vendían a cincuenta centavos el almud.

Llegué a mi casa el veinticinco de diciembre. Mi mujer no estaba, se había ido a la casa de sus padres. Cuando pregunté por ella, me dijo mi mamá:

—Está en su casa, allá duerme de por sí; sólo viene aquí de día.

Luego que llegué lo supo ella, y vino a verme:

—¿Qué ya viniste?

—Sí, hasta hora vine.

—Es que... yo me fui a la casa de mi papá, porque aquí no duermo porque no estás tú.

—Qué voy a hacer —le dije yo—; está bien lo que has hecho, no te digo nada.

—¿Quieres *pozol?*

—Sí.

Batió entonces el *pozol* con sus manos, y me lo dio.

Estaba yo muy cansado del viaje y quería dormir. Ella tendió la cama y me acosté a descansar. Me dejaron solo en la casa. Ellas salieron al patio a hilar y a tejer lana. Dormí todo el día. Cuando entró la noche, me despertaron para que cenara; pero yo no quería cenar:

—Ahi cenen ustedes —les dije—, porque yo quiero dormir.

Después de la cena, se acostaron. Ella vino a acostarse en mi cama para dormir conmigo. Se quitó su ropa, y se juntó a mi cuerpo, acariciándome. Yo estaba muy cansado todavía, me molestaba, y le dije:

—Déjame, tengo sueño.

Ella se quedó sin moverse, y yo dormí.

Cuando iba a amanecer se me fue el sueño, la desperté con caricias y le subí una vez.

Amaneció y nos levantamos, después almorzamos, y luego me fui con mi papá a traer leña. Ese día me lo pasé en la casa viendo lo que tenía. En mi terreno estaban trabajando cuatro parientes, que comieron con nosotros en la casa. A los parientes que vienen a ayudar no se paga, sólo se les da la comida, porque cuando ellos necesitan ayuda, nosotros también tenemos que ir a trabajar en sus tierras.

Mi padre me enseñó cómo sembrar el maíz antes que vinieran las aguas, haciendo pocitos en el tepetate y llenándolos de estiércol; los regábamos tres días con una poca de agua, y cuando llegaban las lluvias el maíz ya había nacido y crecía solo.

Ya me sentía contento en el pueblo. Y ahora me acuerdo que una noche, cuando estaba en la finca, soñé que unos hombres vestidos con *chamarros* negros me dieron un *garlo* [50] para que lo cargara. Le conté a mi padre este sueño, y él me dijo: "Tu sueño significa que te van a dar cargo en el gobierno del pueblo."

Una vez que platicaba con mi mujer, le dije:

—Yo quisiera vivir con mis compañeros, que son autoridades. Voy a pedir mi cargo de *mayor*.

—Pídelo —me respondió ella—, si eres hombre para caminar, que al fin yo estoy sentada en mi casa. Si te dan en verdad el cargo, después que sirvamos al pueblo nos quedamos de *pasados mayores*.

Yo quedé contento con lo que me contestó, porque quería tener un cargo; porque los que sirven al pueblo son respetados. Yo oía cómo saludaban a los que habían sido autoridades: "Adiós, *pasado alcalde*", "adiós, *pasado alférez*", "adiós, *pasado martomo*", que son nombres de respeto.

Yo veía cómo las autoridades se llevaban por la fuerza a los que les daban cargo. Éstos se defendían y muchas veces se escapaban de las manos de los alcaldes y mayores, echándose a correr antes de entrar al cuarto del juramento. Luego eran cogidos de nuevo y forzados a entrar, para jurarlos al pie de la cruz del barrio. Después que juraban salían contentos ya, porque los habían nombrado autoridades. Y eso vale más. Yo quería que me defendieran mis compañeros y parientes, cuando me llevaran a jurar, para que todos supieran que yo iba a ser autoridad.

Yo sé que hay compañeros que no pueden tener un cargo porque no tienen maíz para vivir en el pueblo. Una vez pasaron los alcaldes y mayores con uno de mis compañeros; lo llevaban a tirones para que jurara, le iban a dar cargo. Él les decía que no tenía maíz, que no podía mantenerse; a tirones logró escaparse y las autoridades corrieron tras él. Yo me metí a defenderlo para que no le dieran el cargo, y al escaparse el otro, cargaron conmigo diciendo: "Mira..., éste está bueno para *mayor*." Me llevaron al juramento para darme el cargo de *primer mayor*. Al jurar, me dijeron: "Lo vas a aceptar que te quedes de *primer mayor*. Es un ensayo todavía. Debes ir hasta donde están los mojones de nuestro pueblo, hasta donde están los linderos que dividen a San Juan. Por ser *mayor* no gastas nada; pero si quieres trabajar más para el pueblo, hay otros cargos para cuando pases de *primer mayor*." Yo contesté: "¡Sí señor, quiero ser *mayor*! Para eso vine yo a ser hombre; para eso he venido a los pies de San Juan, para dar servicio a mi pueblo."

Me dieron el trago y me llevaron a la casa del *primer alcalde*.

—Aquí está este Juan Pérez Jolote que quiere ser *mayor*.

—¿Dónde está? —dijo el *primer alcalde.*

—Aquí parado.

El *primer alcalde* me miró, y dijo:

—¡Ah!... Bien. Ése está bueno para *primer mayor.*

Sirvieron dos botellas de aguardiente y las tomamos.
Me dieron mi vara y me fui para mi casa.

—¿Estás, Dominga?

—Sí estoy.

—¡Ora sí ya encontré lo que quería!

—¿Qué?

—¡*Primer mayor!* ¡Vamos a ser *primer mayor!*

—¿Cómo le vas a hacer si no tienes cuenta [51] de la
finca?

—¿Qué le vamos a hacer si ya está aquí la vara; si ya
juré a los pies de la cruz? ¡Qué le vamos a hacer!

Le dije a mi papá:

—No sé cómo vamos a hacer hora que tengo cargo.

—No hay qué hacer —me contestó—. Sólo debes cortar
tu leña para que vayas al pueblo a vivir. Ya les avisare-
mos a los parientes, mis hermanos y cuñados, para que
te ayuden.

Todos los parientes vinieron a cortar mi leña cuando
supieron que yo iba a ser autoridad, y me acompañaron
a la casa del *primer mayor* que iba a entregarme el cargo.
Él me dijo cuánto tenía que gastar y qué cosas iba yo
a hacer; entonces yo le llevé trago.

Cuando llegó el último del año ya estaba seca mi leña;
la trajeron mis parientes a la casa del pueblo, donde había
vivido mi padre cuando fue *primer gobernador.*

Para el 30 de diciembre estrené *caites, chamarro,* camisa, calzones y pañuelo para la cabeza, todo nuevo.

Las varas y los bastones deben estar limpios para la
fiesta. Los bastones de las autoridades de cada barrio eran
lavados en la casa del *primer alcalde* del mismo barrio

para entregarlos a los que recibían el cargo. Con agua tibia quitaban la mugre y el sudor del mango de plata.

Juntaron todos los bastones de las autoridades de mi barrio, pusieron un *tol* [52] sobre una mesa, y allí colocaron los bastones limpios.

Cada alcalde, cada regidor y sus mujeres debían llevar un cuarto de litro de aguardiente.

Los encargados de lavar los bastones de las autoridades son los escribanos, quienes vaciaron el aguardiente en el *tol* donde estaban las puntas de los bastones, le pusieron flores y ramas de manzanilla y las restregaron para que el aguardiente tomara el sabor y el aroma de las flores.

Los escribanos cogían, uno por uno, los bastones: primero, el del *primer alcalde*, luego el del *segundo alcalde*... ponían sal en el mango de plata para limpiarlo, la sal caía dentro del *tol*, luego tomaban una rama de manzanilla con aguardiente, de las que había en el *tol*, y frotaban el bastón desde el mango hasta la punta. Después que hacían la misma operación con todos y cada uno de los bastones, bebían el aguardiente que había servido para frotar los bastones. Tomaban primero los cuatro alcaldes, en seguida los regidores, luego las mujeres de los alcaldes, después las mujeres de los regidores; luego tomaban los escribanos y, por último, los familiares de las autoridades.

Un escribano cogió un bastón limpio y oloroso a manzanilla, y lo puso en la mano del *primer alcalde*, diciendo: "Ya está lavado su bastón, tome usted, para que lo lleve por los caminos, para que sea respetado San Juan, para que nos cuide a toda su gente, a su pueblo." El alcalde lo tomó y dijo: "Bastoncito de San Juan, ya te bañaste; ahora ayúdame en mi cargo y cuídame a mí, a mi familia, a mis padres, a mis hijos, a mi mujer. Acompáñame por los caminos donde vaya..."

Los escribanos entregaron los bastones a todas las autoridades; ellas lo tomaban y decían lo mismo que había dicho el *primer alcalde*. Cada autoridad daba a besar su bastón a uno por uno de todos los que estaban allí y a los que íbamos a tener cargo.

Yo había lavado mi vara en mi casa, con mi mujer y mi padre, porque los *mayores* lavan sus varas aparte.

El 31 de diciembre se reciben los cargos,[53] antes que el sol saliera ya estaban en la plaza las autoridades que los entregarían. Los *mayores* amarraron sus varas en manojos y las pusieron frente a las autoridades. Éstas se veían galanas con sus *chamarros* negros, sus bastones bajo el brazo, y sus sombreros adornados con listones de colores.

Cada autoridad, acompañada de su gente, se encaminó al cuarto del juramento. Aquí, sobre una mesa, pusieron juncia, encima unos pañuelos, y sobre los pañuelos los bastones de las autoridades. El presidente que iba a dejar el cargo se colocó frente a la mesa y ordenó a su gente que fuera a la casa del nuevo presidente; entonces todos fueron a la casa del presidente electo, cada uno con su vara. Llegaron, se arrodillaron frente a su casa, y le hablaron: "Véngase, papacito; véngase, mamacita; llegó el día de que vamos a cambiarnos, ya vamos a entregar los cargos que tenemos y que Dios nos acompañó, pues no nos pasó nada en este año, y vamos a entregarle el bastón y el juramento." Se levantaron, se aproximaron más, y se hincaron de nuevo para volverle a hablar; después se levantaron y otra vez se volvieron a arrodillar frente a la puerta de su casa. Dentro estaba el nuevo presidente; de rodillas volvieron a decirle que habían ido por él para que fuera a tomar el bastón. Entonces dijo el presidente: "Hora ya nos vamos a ir al juramento a tomar posesión del bastón, porque ya llegó el día del cambio." Luego les dio trago, rezaron y salió acompañado de su *yajuatiquil*.[54]

Por todo el camino hasta el cabildo, cada diez pasos, los hombres que fueron por el nuevo presidente se arrodillaban frente a él, hasta que llegaron al cuarto del juramento. Aquí estaba el presidente que entregaría el cargo, el que se arrodilló en la puerta para recibir al nuevo presidente. Luego se levantó, y se acercaron los dos a la mesa, quedando frente a frente con la mesa entre los dos.

De entre los once bastones que estaban sobre la mesa tomó el suyo el presidente que iba a salir, y con el mango le hizo al nuevo presidente la señal de la cruz en la frente, luego en la nariz, en la barba, y por último en el pecho, diciendo cada vez: "Dios *totic*,[55] Dios *nichonil*,[56] Dios Espíritu Santo"; y ya para entregarle el bastón, le dijo: "Estamos bien de salud en este sagrado día, 31 de diciembre de 1931, en el que vas a jurar por nuestros padres y abuelos que están descansando, que estarás con tu cuerpo todo un día, todo un año, viendo y mirando a la gente, como la cuidaron y vigilaron nuestros antepasados, a los pies de San Juan, a quien darás culto con tu mujer y tus hijos. Para tu sustento vendrá la gente a quebrar tu milpa. Si no sirves contento a nuestro pueblo, te enfermarás. Vas a mirar, vas a ver, un día, un año, vas a vigilar a toda la gente; aquí te quedarás a ver, a mirar, a cuidar a San Juan."

"¡Obedece al ladino, que es el que manda! Porque es el hijo de Dios, el hijo del cielo, el de la cara blanca, el de camisa y pantalón." [57]

"Cuando tengas que salir y no puedas hablar a Dios, a San Juan, al Santo Patrón, cuando vayas por el camino, le hablarás en la cueva o en el cerro. Allá lejos..., le hablarás."

Le entregó el bastón y salieron.

Toda la gente se amontonaba para entregar dinero al nuevo presidente y ganarse su favor para cuando fuera necesario.

Luego empezaron a entrar los alcaldes y los regidores. Todos, en grupos, llevaban y traían hombres para el juramento, de todas las casas de los tres barrios de mi pueblo. Por todas partes los hombres con sus varas se arrodillaban frente a cada autoridad que iba a recibir cargo.

Cuando me llevaron a mí al cuarto del juramento ya era de noche. Me tomó juramento el *mayor regidor*, y me dijo, tocándome con su bastón: "Por la señal de la Cruz, tienes que caminar por los tres cerros e ir a ver hasta dónde es el mojón de San Juan, porque lo manda el ladino que casi es nuestro padre; él nos manda todo un año, y si Dios nos ayuda, no sentimos cómo pasa el año, *primer mayor*."

Estuve dando servicio durante un año, como todos los *mayores* que entran a servir y pasan; y en ese año hubo cuatro secretarios.

En la oficina del cabildo,[58] los secretarios vendían candela, jabón y trago.

Los *mayores* debíamos servir al secretario; unos tenían que ir a San Cristóbal a traer el trago, otros traían leña para su casa, otros agua para su cocina; otros bañaban sus caballos, otros les daban maíz a sus *coches* y gallinas. Yo era intérprete, porque el secretario no sabía la lengua.

Cada quien que venía a pedir justicia o perdón por una falta, debía traer al secretario una gallina y dar al presidente el trago. El que tenía delito, allí compraba el trago con el secretario. Si el *presidente*, el *gobernador* y el *primer alcalde* veían que el delito era grande, decían: "Vas a dar cuatro litros de trago." Entonces el castigado los compraba allí mismo con el secretario. Si el delito era más grande, lo metían a la cárcel; pero luego iba el secretario y le decía: "Mira, ya viste que te van a mandar a Santo Domingo;[59] si me das cinco pesos, te dejo libre."

—¿De veras, señor?

El que estaba en la cárcel llamaba entonces a su mujer, que casi siempre estaba cerca y le decía:

—Ve a conseguir cinco pesos, que el ladino me va a sacar antes de que vengan los del ayuntamiento.

La mujer entregaba luego los cinco pesos, y él salía libre.

Cuando llegaba el presidente ya no encontraba al preso y preguntaba al secretario:

—Qué, ¿ya lo dejaste libre?

—No; ¿qué, no está?

—Vamos a ver. . .

—¡Qué cabrón! ¿Por dónde se habrá salido? —decía el secretario.

Cuando alguna mujer se quejaba o la llevaban al cabildo con delito, de esas que son celosas con su marido, que pelean mucho con el hombre y hasta le pegan, había trago para las autoridades y hembra para el secretario. Una vez fue una, y dijo a las autoridades:

—¡Me está celando mi marido y me voy! [60] No quiero vivir ni estar con él.

El marido decía:

—No quiero que se vaya. Si nada le falta; le tengo su maíz, le llevo su carne. . .[61]

—Yo me voy con mis papás porque no quiero estar con el hombre.

—¡De aquí no te vas! —gritó el secretario—. ¡Enciérrenme a esa cabrona en "el juramento"!

Los mayores la encerraron en el cuarto del juramento.

Cuando las autoridades se fueron, me dijo a mí el secretario:

—Mira, *primer mayor*, ahora en la noche vamos a "echar huevo".[62]

—Yo no —le dije—. Yo me voy para mi casa y mañana vengo.

Al día siguiente, cuando llegaron al cabildo las autoridades, les dijo el secretario:

—Ya échenla libre; ya la castigamos una noche, encerrada sola.

El ayuntamiento la sacó y la dejó libre.

Las mujeres parientas suyas le hablaron y le preguntaron:

—¿Qué, no hay "espanto" allí en "el juramento"?

—No —dijo ella—. Sólo el ladino llegó y me dijo: "Mira María, si te dejas conmigo, te echo fuera." "Sí señor", le dije. Abrí la puerta y lo dejé entrar. Cuando entró, cerró y me agarró. "Horita te voy a echar fuera", me dijo, cuando ya estaba encima de mí. Después que hizo lo que quería, se salió y me dejó encerrada.

Y así salió ella, y volvió con su marido, porque las autoridades los arreglaron para que siguieran viviendo juntos.

Otro de los secretarios tenía un *chucho* [63] grande que dormía en su cuarto, cerca de su cama. Allí le daba de comer en un plato, y allí se ensuciaba. Todos los días un *mayor* tenía que sacar las mierdas del chucho y lavarle el plato donde comía.

Otro de los secretarios *pulsaba* [64] a los que decían que robaban, para meterlos a la cárcel y sacarles cinco o seis pesos de multa.

Otro era borracho, y mandaba a los *mayores* hasta Chiapa de Corzo, donde vivía su familia, para mandarles gallinas, huevos y granadillas; o a Tuxtla, para regalarle al Gobernador pollos, huevos y *cuesa*.[65]

Aunque se gasta poco en el cargo de *mayor,* son los

mayores los que más trabajan; ellos no descansan, van y vienen a los parajes a llamar a la gente, a traer los presos, a servir al secretario. Pero pronto se cumple el año de servicio. Ya se estaban nombrando las nuevas autoridades y pronto terminaría mi servicio al pueblo.

Me mandaron a Romerillo —paraje del municipio de Chamula— con otros mayores, para dejar la credencial al cuarto regidor del barrio de San Sebastián, mi barrio. Llegamos a su casa a las cuatro de la mañana. Toqué la puerta y saludé:

—¡Buenos días, compañero!

Dentro, nadie hacía ruido.

Metí la credencial por entre la rendija de la puerta y le grité:

—¡Aquí te dejo la credencial! ¡Vas a dar servicio de cuarto regidor! ¡Nosotros nos vamos al pueblo!

Estaba hablando todavía, cuando oí que se levantaba el hombre; yo corrí a donde estaban mis compañeros. Salió de su casa desnudo, con su escopeta en la mano, se subió a un palo y disparó al aire, al mismo tiempo que gritaba:

—¡Épale cabrones! ¿¡Qué vienen a hacer!?

Entonces mis compañeros contestaron disparando sus escopetas al aire y gritando:

—¡Hupa! ¡Uja! ¡Corran, compañeros!

Tocando los *cachos* —cuernos de toro— y gritando, regresamos al pueblo. Dimos la vuelta, pasando por Ciudad las Casas. Cuando llegamos, nos presentamos a la casa del *primer alcalde* para saludarlo y avisarle que habíamos llegado con bien, que nada nos había pasado. Él nos dijo: "¿Ya regresaron, *mayores*? Pero desde antes que ustedes llegaran, llegó aquí la credencial que fueron a dejar." Entonces juntaron más gente y fueron de nuevo a la casa del que iba a ser *cuarto regidor*.

Cuando vinieron a dejar la credencial al pueblo, no fue el *cuarto regidor* el que vino a devolverla, vino sólo una de sus hijas y dejó el "papel" a la hija del *gobernador* del barrio de San Sebastián.

Le entregó el papel, diciéndole:

—No sé qué es este papel.

La hija del *gobernador* lo dio a su papá y éste lo llevó al *primer alcalde.* El *primer alcalde* lo recibió y llamó a un escribano para que le dijera de qué se trataba. El escribano leyó, y dijo que era la credencial del *cuarto regidor.*

Se nombró una comisión de quince hombres; yo me quedé descansando. Salieron a las cuatro de la tarde y cuando llegaron al paraje esperaron que amaneciera al otro día. Entonces fueron a la casa del hermano del que había regresado la credencial:

—¡Buenos días, hermano!

Dentro de la casa contestaron:

—¡Buenos días, compañero!

—Hemos venido a entregar la credencial de tu hermano para que tengas la bondad de recibirla, porque él se huyó.

Al oír esto, el hermano se puso retobado. Los *mayores* le dijeron que era orden de las autoridades del pueblo: lo amarraron como a un matador —asesino—, lo llevaron al pueblo y lo metieron a la cárcel. Al saber el huido que le iban a dar el cargo a su hermano, vino inmediatamente al pueblo, fue a la casa del *primer alcalde,* y le dijo:

—Deja libre a mi hermano, sácalo de la cárcel. Yo voy a aceptar el cargo.

Sacaron al hermano de la cárcel, y tomaron un garrafón de aguardiente en la casa del *cuarto regidor* que iba a entregar el cargo. Y el hombre quedó contento para dar su servicio.

Terminó mi año de servicio; entregué mi cargo, y me fui a mi casa en mi paraje. Al salir debía yo quince pesos, y con la muerte de mi papá gasté otros quince pesos.

En el mes de septiembre del año que estuve en servicio, murió mi papá, porque bebía mucho trago; se acostumbró a beberlo cuando vivió en el pueblo dando su servicio. Estuvo veinte días tomando, y después se le quitó la gana de tomar. Quedó enfermo; ya no quiso comer, y se murió.

Vino a llamarme al pueblo mi hermanito Manuel: "Vamos para que lo veas, ya se murió nuestro padre." Entonces fui yo al cabildo a pedir permiso con el secretario, y le dije: "Quiero ir a mi *paraje*." "¿A qué vas?" —me preguntó—. "Dice mi hermanito que ya se murió mi padre." "Ve a verlo, pues" —me dijo.

Y fui con mi mujer y mi hermanito. Llegamos y lo encontramos tendido. En la casa había mucha gente; allí estaban los hombres, con sus guitarras y sus arpas, tocando cerca de donde él estaba. Todos mis parientes lloraron cuando me vieron llegar. "¿Ya viniste? —me dijo mi madre—, ya viste que siempre murió tu papá por tomar su trago...", y lloró junto a mí. "Pues qué vamos a hacer, mamacita, así será su destino" —le dije yo, para conformarla.

En el patio de la casa unas mujeres molían maíz, otras mataban las gallinas para dar de comer a los que habían venido al entierro; mi mamá cosió los trapos y los chamarros de mi padre y arregló las cosas para el *viaje*.[66]

Como somos tres hombres y tres muchachas, juntamos entre todos la paga para comprar la caja, y fueron por ella a San Cristóbal, mi hermano Mateo y mis cuñados Mateo Patistán Acubal, Felipe Shilón Chau Chau y Felipe Hernández Lampoy. Cuando regresaron, metieron a mi padre en la caja; todos lloramos porque se iba.

Pusieron junto a su caja la mesa para que comiera; en un plato pusieron carne de gallina, en otro las tortillas, y en un platito la sal. Después que le sirvieron a él, comimos nosotros.

El sol estaba bajando y nos pusimos en camino para llevarlo. Cuando los hombres mueren ya viejos, sus ánimas se cansan en el *viaje* y hay que darles mucho de beber. Mi tía, María Pérez Jolote, le daba agua a mi padre cada vez que descansaban; levantaban la tapa de la caja y ella, con una hoja de laurel, tomaba el agua del huacal y le ponía tres chorritos en su boca.

Cuando estuvimos cerca del panteón, mi tío Marcos cogió la red que yo llevaba, donde iban las cosas para el camino, sacó el cestito donde estaba el huacal y de él sacó los aditos del bastimento y los empezó a contar: eran doce bolitas de tortilla y tres bolitas de *pozol*. Levantó la tapa de la caja y el *chamarro* negro con que iba vestido mi padre, y debajo puso, en el lado derecho, los aditos con el *pozol* y las tortillas, y le dijo: "Esto es para que comas en tu viaje, es tuyo, guárdalo bien, no vayas a dejar que te lo quiten." [67] Luego contó los tres pesos que había en el cestito y se los metió entre su camisa, y le dijo: "Aquí tienes para que tengas la paga para tu chicha, para tus limas y guineos, para que tengas que comer por el camino, para que puedas comprar lo que quiera tu corazón."

Llegamos hasta donde está la gran cruz del panteón y allí pusimos la caja. Encendieron entonces candela, y todas las mujeres lloraban junto a la caja mientras los hombres ayudábamos a escarbar el agujero.

Poco faltaba para que el *Chultotic* (el sol) entrara al

Olontic; antes que él llegue, no pueden enterrarse los muertos, porque sus almas [68] se quedarían en la tierra.

Mi tía acomodó los chamarros en la caja, pues toda la ropa que le sirvió tenía que bajar con él.

Ya el sol había bajado; en el cielo había nubes rojas, y cuando se pusieron oscuras bajamos la caja con mi padre muerto, y empezamos a echarle tierra; todos los gritos y lloros de las mujeres se callaron, para que su alma no volviera. Cuando llenamos el agujero, apretamos bien la tierra y nos lavamos las manos. Ya era de noche cuando volvimos al paraje.

Yo también estuve enfermo. Vino un *ilol,*[69] me tomó el pulso, y dijo que tenía *komel:* [70]

—Mañana vengo a curarte. Traigan las velas de cera y de sebo, copal, un litro de trago, un gallo y las flores.

Yo sabía que con esto se cura la gente de mi pueblo, pero por qué se curan así, no lo sabía.

Por la noche, mi mamá y mi mujer hablaron de nuestros males; yo las oía. Entonces comprendí por qué se curaba así en mi pueblo.

Todos nosotros tenemos *chulel,* que es un animal que está en el monte y que nos representa en todo. Busca diariamente qué comer. Cuando el *chulel* está gordo y satisfecho, porque encuentra su comida, entonces el dueño del *chulel* también está gordo y sano; pero cuando no encuentra qué comer en el bosque, cuando se espanta o se cae en una sima o barranco, entonces el dueño del *chulel* se pone enfermo.

El *chulel* de un *ilol* es más listo, más competente, y por eso cuida a los *chuleles* nuestros. El *chulel* de un *ilol* se llama *petome,*[71] o *saclome.*[72] Los *petomes* y los *saclomes* tienen el cargo, que les dio *Chultotic,* de cuidar los *chuleles* de los hombres.

Para que los *petomes* y los *saclomes* nos protejan hay

que halagarlos con trago; por eso el *ilol* toma aguardiente cuando va a curar, porque a los *petomes* y a los *saclomes* les gusta.

Hay otros *chuleles* en el monte, que son más fuertes, que dominan y se comen a los otros *chuleles;* son los *pukujes* y los *kibales, chuleles* de los brujos. Cuando cogen a un *chulel* débil, se enferma el dueño del *chulel,* y si se lo comen, el dueño se muere.

El *chulel* de un brujo es un *kibal.* Cuando un *kibal* se come cualquier otro *chulel,* muere la gente dueña de ese *chulel.*

Pukujes y *kibales* son los *chuleles* —animales feroces— de los hombres que hacen daño a otros hombres comiéndose su *chulel;* por eso se dice que los brujos —*pukujes* y *kibales*— comen gente. Cuando uno está enfermo es porque un *pukuj* tiene amarrado su *chulel* para comérselo, y para que lo suelte, el *ilol* necesita dar, en cambio, el *chulel* de un gallo o de una gallina,[73] que mata, para que se lo coma el *pukuj* y desate y deje en libertad al *chulel* del enfermo. Cuando el *chulel* es desatado, el enfermo sana.

Como había dicho, al día siguiente vino el *ilol.* Ya tenían en mi casa las flores —cortadas antes que el sol saliera—, las velas, el copal, el trago y el gallo.

Me tomó el pulso, y me dijo: "Yo pulso que es un *recor*[74] que tienes. Ahora me vas a decir qué es." Yo le dije que no me había peleado con nadie, que tal vez en mi borrachera ofendí a alguno.

Pusieron en el altar las flores y colgaron al gallo de las patas. El *ilol* prendió las velas y puso copal a las brasas del incensario.

Empezó el rezo pidiendo a los *petomes* que me perdonaran. Sirvió una copa de trago, y regó parte en el suelo, donde estaba de rodillas, y dijo: "Santa tierra, santo cielo;

Dios Señor, Dios Hijo, santa tierra, santo cielo, santa gloria, hazte cargo de mí, represéntame; ve mi trabajo, ve mi labor, ve mi sufrir. Gran hombre, gran señor, gran padre, gran *petome*, gran espíritu de mujer, ayúdame. En tus manos pongo el tributo; aquí está la reposición de su *chulel*. Por mi incienso, por mis velas, espíritu de la luna, virgen madre del cielo, virgen madre de la tierra; Santa Rosa, por tu primer hijo, por tu primera gloria, ve a tu hijo estrujado en su espíritu, en su *chulel*."

Cuando estaba rezando, mató el gallo estirándole el pescuezo, y yo me sentí libre. El *ilol* me dijo que había quedado un poco maltratado mi *chulel* y que no quedaría bien luego. Pero, poco a poco, me fui poniendo bueno hasta que sané.

En este mismo año nació mi hijo Lorenzo; Pascuala Collazo Mechij, que es la partera de mi paraje, vino a recibirlo.

Cuando llegó la hora, Dominga se puso de rodillas sobre un petate, yo me senté en una silla frente a ella, y abrí mis piernas, ella puso su barriga entre mis rodillas, y Pascuala, sentada detrás de Dominga, esperaba al niño. Yo apretaba su vientre con mis rodillas, cuando ella pujaba y abría más sus piernas para que saliera el niño, y Pascuala ayudaba jalándolo; cuando lo tuvo en sus manos, Dominga se acurrucó para esperar la placenta, y cuando salió, Pascuala amarró el ombligo con un pita y lo cortó con las tijeras de los carneros. Mientras le daban a Dominga un huacal con agua de chile, caliente, fui a enterrar la placenta cerca de la casa. Yo estaba contento porque el hijo que tenía era varón. A los tres días, después que nació mi hijo, preparé el baño para Dominga; para calentar las piedras del *pus*, metí la leña, el agua y las ramas verdes, y luego la ayudé a bañarse.

Poco después me fui a San Cristóbal para engancharme. Me adelantaron sesenta pesos y volví a mi paraje, a quebrar la tierra. Sembré mi milpa, la dejé limpia, y en el mes de agosto fui a la finca de *Lubeca*, a desquitar lo que me habían dado.

Volví después de Todos Santos. Cuando llegué a mi casa, encontré a mi mujer trajinando la fiesta de mi suegro, que había muerto en septiembre.

Cuando regresé de la finca me nombraron *fiscal*, porque yo sé leer. Este año el *fiscal* era Andrés Tiro; pero como no sabe leer, dijo mal la fecha de la fiesta de San Juan, y se hizo el día 23, en vez del 24, de junio. Cuando se dieron cuenta, lo metieron a la cárcel.

El *fiscal* tiene que saber cuándo son todas las fiestas. Yo no me equivoco porque sé leer y veo el calendario cada vez que alguien viene a preguntarme; los *mayordomos*, los *pasiones*, los *alférez*, los *ojob*, a todos les digo. Cada uno que tiene cargo, cuando viene el domingo a la plaza, me pregunta cuándo es la fiesta o la celebración de los *mayordomos*, cuándo se cambian los cargos... Todos me piden que les diga, y me regalan una *cuarta* —un cuarto de litro— de *trago*.

En el Año Nuevo me agarraron y me llevaron a jurar de *fiscal*. Uno de los más viejos del pueblo fue mi *yajual-tiquil*. Después del juramento me llevó a la iglesia y me enseñó lo que eran todos los santos.

—Éste —me dijo, señalando a San Sebastián— es el patrón de los carneros; él es el que manda sus carneros con el pastor para que los cuide. El pastor es San Juan. Si se pierde algún carnero le exige a San Juan que lo reponga. Cuando esto sucede, pregunta San Juan a San Sebastián: "¿Qué tanto te voy a pagar por el carnero?"

"Por eso, en la antevíspera de la fiesta de San Sebastián, es a éste al que le recomiendan sus carneros las mu-

jeres; y le traen yerbas y sal para que las bendiga, para darlas a los carneros cuando se enfermen.

"El *martomo santo* es el que cuida a San Sebastián, el que tiene que vestirlo para cada fiesta. La gente viene, y le dice a San Sebastián: 'Usted, señor San Sebastián, cuídame mis carneros, que no les pase nada. Ahora voy a hablar con tu pastor.' Y van a ver a San Juan, y le dicen: 'Hágame usted favor, señor pastor, de cuidar mis carneros todos los días; por dónde van a andar sobre la tierra, dónde van a beber agua y a comer su yerba.' Todo esto debes tú saberlo, para cuando te lo pregunten" —me decía mi *yajualtiquil*.

—Éste es el patrón de las bestias —me dijo, señalando al Señor Santiago—. A él vienen a pedirle los hombres y las mujeres que tienen mulas o caballos. Los viernes son los días de las bestias, y ese día se le prende candela a este Santo.

"Este otro es San Miguel, el patrón de los músicos. Él ayuda y da bendición a los músicos. Es el jefe de las guitarras y de las arpas; a él vienen los que tienen cargo de músicos, porque ellos se pasan los días y las noches tocando en fiestas y funerales, y él les quita el sueño. A él le piden que cuide a sus mujeres para que no les pase nada.

"Éste es San Nicolás, es el patrón de las gallinas; lleva sus bateas para poner el maíz y dar de comer a las gallinas.[75] Pero no sé cómo le hace San Nicolás para darles maíz a las gallinas, porque tiene las dos manos ocupadas.

"Éste es San Jérmino;[76] a él vienen todos los curanderos, porque él es el que tiene todos los *chuleles* y anda cuidando las almas de todo el mundo; ya lo ves aquí con un *bolom*[77] en sus pies, que es el *chulel* de un hombre.

"Éste que está encajonado es el señor San Manuel; se llama también señor San Salvador, o señor San Mateo;

100

es el que cuida a la gente, a las criaturas. A él se le pide que cuide a uno en la casa, en los caminos, en la tierra.

"Éste otro, que está en la cruz, es también el señor San Mateo; está enseñando, está mostrando cómo se muere en la cruz, para enseñarnos a respetar. Lo mataron porque los judíos, los diablos —*pukujes*—, comían mucha gente; y él dio su vida para librarnos.

"Antes de que naciera San Manuel, el sol estaba frío, igual que la luna. En la tierra vivían los *pukujes*, que se comían a la gente. El sol empezó a calentar cuando nació el Niño Dios, que es hijo de la Virgen, el señor San Salvador.

"Los parientes de la Virgen eran *pukujes* —judíos—. Cuando ella se sintió embarazada, le dijo a San José: 'Voy a tener un niño.' Sus parientes sabían que, cuando naciera el Niño Dios, iba a alumbrar, y corrieron de su casa a la Virgen. Entonces se montaron sobre un burrito y fueron a Belén; allí nació Cristo, el Niño Jesús, dentro de un pesebre, sobre la paja. Cuando nació, aclaró bien el día y calentó el sol, y los *pukujes* huyeron, se escondieron entre los cerros, en las barrancas, para que ya no los vieran.

"Si viene alguno de los *pukujes* cuando se aclara, cuando alumbra el día, cuando calienta, ya no puede comer gente, porque lo está mirando el señor San Salvador, porque el sol son los ojos de Dios.

"A los tres días que nació, el Niño Dios no tenía qué comer, y sufrió mucho San José y le dijo a la Virgen: '¿Qué vamos a comer, hijita?' Entonces, el Niño dijo: 'Si no tienen qué comer, voy a trabajar.' Nadie sabe de dónde sacó las herramientas, cuando se puso a hacer una puerta de un tronco que le dio un hombre; pero el tronco era corto para hacer la puerta. Entonces le dijo San José: 'Está muy corto el tronco, no alcanza.' 'Va a ver cómo

101

alcanza', dijo el Niño. Y cogió el tronco, lo estiró como si fuera un lazo, y hasta sobró.

"Entonces supo la gente que había estirado un palo, y lo buscaron para matarlo. Entonces se fueron sobre los pueblos, por los cerros, huyendo para salvarse.

"En un pueblo llegó a trabajar y hizo milpa, en un lugar donde había muchas moscas que le picaban. Allí dijo: 'Les voy a hacer una cena para que vean que soy trabajador.' En seguida, mandó hacer una cruz con un carpintero. Cuando el carpintero le dijo a San José: 'Aquí está la cruz, San José la entregó al Salvador. Entonces éste les dijo a los judíos: 'No se coman a mis hijos; por eso estoy yo aquí, cómanme a mí.' Y se clavó en la cruz.

"Antes de que se clavara, fue a ver cómo estaba el *Olontic*. Después que vio cómo estaba allá abajo, vino a clavarse. Él se clavó para que se acordara la gente que hay castigo para los diablos —*pukujes*—; para que no siguieran comiendo gente.

"Éste otro es el patrón de la iglesia: es San Juan Evangelista. Éste fue el primero que hizo milpa. Fue el primer hombre. Nació antes que naciera Jesucristo. Rezando en los montes, en los cerros y en las barrancas, enseñó a los hombres a vivir como ahora vive la gente. Por eso en cada fiesta se le pide salud para que la gente trabaje."

Y así conocí a los santos que hay en la iglesia de mi pueblo.

Para la fiesta de San Sebastián me nombraron *hábito*, porque se había muerto Domingo López Sotot, que era el que tenía este cargo. El *hábito* tiene que gritar en el carnaval, junto con los *pasiones*.[78]

Se acercaba la fiesta del carnaval, y me entregaron los "papeles" del *pasado hábito,* los que él había dejado; pero que yo no pude entenderlos. Llamaron a los escribanos para ver si ellos podían entenderlos, pero nadie pudo.

Todos decían que no sabían lo que había puesto aquel cristiano difunto en aquellos papeles.

En buen lío me vi cuando no sabía qué decir. Yo me sentí muy afligido porque no encontraba qué iba a decir en la fiesta.

Por la noche me acosté y tuve un sueño; vi que venía un hombre, no sé quién sería, tal vez sería el Dios; pero se parecía mucho a Domingo de la Cruz Chato.[79] Lo vi que se me acercaba y me decía al oído todo lo que ahora digo en la fiesta del carnaval. Esa noche, lo que soñé lo tenía metido en las orejas. Me levanté antes de que amaneciera, encendí mi candela, y apunté todo lo que aquel hombre me había dicho. Ya tenía yo qué decir para el día de carnaval.

Ya empezaba la fiesta. Los parajes se iban quedando sin gente. Todos venían al pueblo a la gran fiesta.

Los *mash* [80] —hombres vestidos con levitas rojinegras, pantalón de gamuza, caites altos y gorros cónicos hechos de piel de mono— iban llegando por todas las veredas que vienen de los parajes y se metían en todas las casas del pueblo.

Los *mesabil* [81] llegaban del monte, cada uno con su escoba de varas, formaban grandes grupos, por barrios, para barrer la plaza y el gran camino, y los *mash* los animaban silbando y bailando en su torno mientras barrían; llegaban más y más *mesabil* y agitaban sus escobas a los cuatro puntos cardinales frente a cada cruz de la plaza. Todo el pueblo se movía: haciendo los corrales, las enramadas, blanqueando las grandes ollas para el atol agrio, trayendo leña y agua.

Bailando, llegaron los *bajbín* [82] de cada barrio, con sus ejércitos de *mash;* traían los cántaros sonoros para el baile, el *chilón,*[83] las guitarras, los tambores y las flautas. Las altas banderas eran agitadas a los cuatro puntos cardinales, cada *mash* traía la suya.

Por la noche había hoguera en cada casa de los tres barrios, tortilleo de las mujeres, gritería de los muchachos, danza, guitarras, acordeones, arpas, *sots* [84] y cornetas.

En la casa del *pasado pasión* de cada barrio tenían un toro que habían matado para la fiesta; muchas mujeres trajinaban allí. Junto a la gran cruz del patio de su casa y sentado en un banca, estaba el *pasión,* con su sombrero galano adornado de listones de muchos colores, su chamarro negro y sus caites nuevos; frente a él, muchos *mash,* agitando sus sonajas y silbando el *bolonchón,* [85] bailaban y le arreglaban su vestido. Atrás de la cruz, adornada con flores y juncia, las mujeres quemaban incienso, y a un lado tocaban los músicos sus arpas y guitarras.

En todas las casas de los que tenían cargo había mucha bulla y trajín de mujeres, unas hacían tamales, otras atol, y muchas más molían y torteaban.

Llegaron de sus parajes los *nichín,* [86] cargando las cajas sagradas donde se guardan los listones de seda y las puntas de plata que adornaban los palos de los grandes estandartes para la fiesta; venían acompañados de sus *mash* con sus altas banderas, y alumbrándose con ocotes; con ellos venían también sus músicos, tocando las arpas y las guitarras.

Llegó el día en que yo debía hablar a toda la gente de mi pueblo; ya estaban allí todos los grandes señores para la fiesta: la señora *Nana María Cocorina,* [87] acompañada de su *mash,* iba al cuarto del juramento; los *pasiones,* con sus músicos y sus *mash;* los *primeros alcaldes* de cada barrio que iban a dar los nuevos cargos y a tomar el juramento a los nuevos funcionarios; todos corrían a la plaza y no se podía andar en el portal del cabildo. Dentro del cuarto del juramento recibían su cargo los *pasiones.* Llegó el momento en que yo debía hablar. Sobre una banca donde estaban sentados los *pasiones* me subí, y sacando mi papel, dije a la gente:

"¡Chamulas!, ¡loco febrero!; hoy, 20 de febrero de 1932, el primer soldado vino a México, vino a Guatemala, vino a Tuxtla, vino a Chiapa, vino a San Cristóbal; vino con banderas, vino con tambores, vino con cornetas: ¡Viva!"

"¡¡Vivaa!!", contestaron todos. Yo veía que la gente se alegraba, y seguí diciendo:

"¡Compañero!, el segundo caballero vino a México; vino a Guatemala, vino a Tuxtla, vino a Chiapa, vino a San Cristóbal; vino con banderas, vino con tambores, vino con cornetas: ¡Viva!"

"¡¡Vivaa!!", volvieron a gritar.

"El último caballero vino a México; vino a Guatemala, vino a Tuxtla, vino a Chiapa, vino a San Cristóbal; vino con cohetes, vino con cañones, vino con pitos, vino con clarines, vino con banderas, vino con cornetas; vino Mariano Ortega y Juan Gutiérrez; entre los tres, con su señorita Nana María Cocorina, juntos fueron al monte a echar *corcobia*.[88] Después de echar corcobia regresaron comiendo *mercocha*, pamasquiles y morcilla: ¡Viva!"

"¡¡Vivaa!!"

Con esto que dije, la fiesta se puso alegre; los compañeros también se alegraron. Pero yo no estaba contento porque era muy poco lo que decía, pero me lo hacían repetir muchas veces.

Cuando terminé de hablar, salió la gente del portal del cabildo y fueron atrás de los *mash*, formando tres grupos; yo fui con la gente de mi barrio, todos íbamos a la casa del nuevo *pasión* del barrio de San Juan.

Los *mash* dieron las tres vueltas, corriendo alrededor de la plaza, agitando sus banderas frente a cada cruz y golpeando los palos cuando se encontraban con los *mash* de otro barrio.

En la casa del nuevo *pasión* del barrio de San Juan estaba todo preparado para recibir a los grandes señores La banca principal, pegada a la cruz del patio, y frente a ella la mesa donde había trago, agua endulzada con panela, canastos con las hojitas de palma, jarritos para la miel y la copa para tomar el trago. En otra mesa larga adornada con juncia había platitos con la sal.

Por otro lado del patio estaban ya instalados los *bajbín*, con sus dos cántaros sonoros, el *chilonero*,[89] el tambor y el *ama*.[90]

Llegaron los *pasiones* acompañados cada uno de su *yajualtiquil*; con ellos venían todos los del ayuntamiento y ocuparon cada quien su sitio en la banca principal. Trajeron, dentro de canastitos cubiertos con servilletas, las botellas de *trago* y los *huacales* para el café, y los entregaron a los grandes señores; luego rezaron y bendijeron la bebida. Trajeron después los *huacales* con atol agrio y lo bendijeron y rezaron también.

En el baile, el *chilonero* de cada barrio ponía el cuero de tigre con cascabeles a cada uno de los del ayuntamiento y cada uno de éstos, al mismo tiempo, recibía una bandera, y con ella en la mano y con el *chilonero* atrás sonándole los cascabeles, bailaban los dos dando vueltas alrededor de los cántaros que tocaba el *bajbín;* los tambores y las flautas acompañaban el baile. Ya para terminar, el *chilonero* daba una vuelta, sosteniendo en alto a su compañero que agitaba la bandera a los cuatro puntos cardinales.

El presidente y los hombres más viejos que lo acompañaban bendijeron la bebida; y las hojitas de palma fueron repartidas a todos los que allí estábamos. El *trago* y el agua endulzada fueron también repartidos; más tarde dieron atol y café, caldo enchilado con carne y tamales. El *yajualtiquil* y los *pasiones* siempre tomaban primero.

Cuando terminó la comida volvieron los funcionarios a la plaza, acompañados de los *mash*, y toda la gente corrió tras ellos dando vueltas a la plaza; luego fueron a las casas de los *pasiones* de los otros barrios; pero antes me hicieron repetir lo que había yo dicho en el portal del cabildo.

Por la noche, alumbrados con teas, entre ruido de sonajas y tambores y la bulla de la gente que tocaba guitarras, arpas y acordeones, pasaron por la plaza, tronando cohetes y cámaras, los *pasados nichín*, quienes cargaban sus cajas con las prendas sagradas que iban a entregar a los nuevos *nichín*. Toda la noche fue de baile y alegría; yo dormí un poco, porque al otro día tenía que hablar otra vez.

Cuando amaneció ya la plaza estaba llena de gente; los señores que tenían grandes cargos fueron a las casas de los *pasados pasiones*, donde hubo banquete, baile y trago; yo iba con ellos, y cada vez que me decían, repetía mi discurso.

Pasó la víspera y llegó el día. Esta vez, a las tres de la mañana estaban en la plaza los *mash* con todos los personajes de los tres barrios, y alumbrándose con teas de ocote dieron tres vueltas a la plaza, en medio del ruido de los tambores, sonajas, guitarras y acordeones, y el tronar de cohetes y de cámaras.

Se formaron los tres grupos de los tres barrios, para subir cada uno a su *calvario*, y yo me fui con mi gente. Llegamos a la parte más alta del cerro, donde están las cruces, y allí se instalaron los cántaros sonoros y el *chilonero*; éste ponía el *chilón* a todos los que estaban cerca y bailaba con ellos. Se hicieron grandes fogatas con las antorchas de ocote, mientras los *pasiones* encendían candela

107

y copal a las cruces y rezaban frente a ellas. Tomaron trago, y cuando llegó mi turno, me ofrecieron a mí; como hacía mucho frío no me cayó mal. Pedí un ocote para ver mis papeles, y dije mi discurso:

"¡Febrero loco!; hoy, 22 de febrero de 1932, día de subir a los tres cerros de las tres cumbres y bajar a los tres ojos de agua, a comer toro, el primer soldado vino a México, vino a Guatemala..." y todo lo demás que decía siempre.

Fuimos luego al *calvario* del barrio de San Sebastián; allá también se bailó, se prendió candela a las cruces y se quemó incienso. Bajamos luego a la plaza, cuando el sol empezaba a salir, y se juntaron con nosotros las gentes del barrio de San Juan; se bailó allí también con el *chilón*, frente a la puerta de la iglesia, cerca de las botellas de *trago*. El cascabeleo de las pieles de tigre, los tambores, los cántaros sonoros, las sonajas, los acordeones, las arpas y guitarras, todo se agitaba en medio de una gran bulla; no cabíamos en la plaza, todo el mundo estaba allí.

Fuimos luego al ojo de agua, donde estaban las mujeres con grandes canastos de tamales, ollas de caldo y carne, cántaros con chicha y garrafones de *trago*. Había también vendedores llegados de otros pueblos. Los señores con altos cargos se pusieron en la mesa; los demás amarraban las altas banderas a la cruz del ojo del agua. Las mujeres se lavaban la cabeza y las pantorrillas cerca del arroyo. Todos comimos, bebimos y bailamos.

Por la tarde volvimos a la plaza. Regaron el zacate seco en manojos, para formar una calzada desde la iglesia hasta las grandes cruces de la plaza, le prendieron lumbre, se alzaron las llamas por todo el ancho camino y sobre la lumbre corrían, desde la puerta del atrio hasta las cruces de la plaza, los nuevos y los *pasados pasiones* para purificarse; se chamuscaban las canillas y toda la gente gri-

taba, mientras los hombres iban y venían por entre las llamas hasta que el zacate quedó convertido en cenizas.

La gente se regó por la plaza y los *mash* corrían con sus banderas. En un rincón de la plaza habían amarrado ya un toro para montarlo y la gente se juntó para mirarlo; lo llevaron al centro de la plaza y allí un hombre lo montó, cogiéndose del lazo que tenía amarrado al cuerpo; pero el toro era manso, no quería reparar, y trajeron otro y toda la gente se puso alegre porque éste sí era bravo.

Se fueron los *pasiones* a sus casas y yo hablé, por último, para decir que la fiesta había terminado. La gente empezó a irse a sus casas; estaban cansados, pronto quedó la plaza casi sola y yo me fui a dormir.

La gran fiesta había terminado. Para el día siguiente, es decir, un día después del martes de carnaval, sólo quedaba la visita a la casa de la señora Nana María Cocorina; allí se bailó y se comió pescado seco. Por la noche, los *nichín* se ocuparon de guardar sus listones y sus puntas de lanza. Por todas partes se oía el tronar de las cámaras y de los cohetes de los que se despedían del pueblo; se iban ya acompañados de sus *mash* con sus altas banderas y alumbrándose con ocotes; con ellos iban también sus músicos, tocando las arpas y las guitarras. Los señores con cargos iban también con sus músicos y sus *mash*. Por todas las veredas que llevan a los parajes iba la gente, hombres, mujeres y niños, uno tras otro, cansados de divertirse.

Empezó el trabajo; los hombres cogieron sus azadones para romper la tierra y sembrar las milpas, pues pronto llegarían las lluvias. Las mujeres llevaban los *chamarros* de lana al ojo de agua para lavarlos.

En la iglesia, los mayordomos quitaban a los santos sus vestidos de fiesta cambiándoselos por sus ropas de trabajo, en tanto que los músicos, ya cansados, tocaban muy quedo sus arpas y sus guitarras.

110

Yo volví a mi *paraje*. Por el mismo camino volvían también los zinacantecos que habían ido a la fiesta; uno de ellos me dijo que él tenía un libro grueso en su casa, que decía: "De la Nueva Alianza y del Origen del Mundo y de los Hombres." Me dijo que me lo iba a prestar, para que dijera yo algo más en las fiestas de carnaval; pero no lo he visto otra vez, y cada año, cuando tengo que hablar, sigo diciendo lo mismo en la fiesta.

Una noche soñé que se me presentaron un mi tío y una mi tía; me dijeron que los acompañara, me dieron dos caballos para que se los cuidara y un tercio de zacate para que les diera de comer.

Después supe lo que quería decir este sueño; mi tío era San Juan y mi tía la Virgen del Rosario; los dos caballos eran los caballos del cura. Mi sueño me anunciaba otro cargo, porque luego me nombraron sacristán.

Los sacristanes cuidan la iglesia y su cargo dura toda la vida.

Yo he servido mucho a mi pueblo, y me siguen dando cargos. Después fui *alférez* de la Virgen del Rosario; pero ese cargo lo tomé por gusto. Los *mayordomos y alférez* pueden vender trago, y así sacan lo que se gasta en la fiesta.

El hombre que me entregó el cargo me dio quince pesos para que empezara a vender trago; así compré un garrafón, y todos los domingos iba a vender aguardiente en la plaza de mi pueblo. Todos mis compañeros que me compraban me ofrecían copa, y me *embolaba* [91] yo mucho.

Yo no podía dejar de tomar, porque por mi cargo soy una señora, pues la Virgen del Rosario de quien soy *alférez* es una señora, y a mí me vienen a convidar todos los que tienen cargo de santos que son hombres.

Cuando entregué el cargo de *alférez*, me llamó el secretario del pueblo y me dijo:

111

—El Presidente de México quiere que todo el pueblo de Chamula sepa leer; pero antes hay que enseñarles a hablar castellano. El Gobierno quiere que tú seas maestro de castellanización y te va a pagar cincuenta pesos mensuales.

—Si es orden del Gobierno de México, tomaré el cargo —le dije.

Para enseñar a hablar *castilla*, el Gobierno nombró doce maestros para los parajes de mi pueblo; yo tuve treinta alumnos en Cuchulumtic y les enseñaba algunas palabras de castilla y algunas letras para que aprendieran a leer. A los tres años se acabó la campaña, y nos quitaron a todos el cargo; ahora, la gente que quiere aprender castilla compra "aceite guapo" en las boticas de San Cristóbal, porque dicen que es bueno para aprender a hablar.

Ya me dieron otro cargo y ahora soy *alférez* de San Juan. He vuelto a vender trago en mi casa, y todos los días vendo dos garrafones. Cuando yo no puedo ir por ellos, mi hijo Lorenzo va. Una vez, los vigilantes le quitaron un garrafón porque no lo compró donde debía de comprarse; yo ya se lo había explicado desde antes. Hay dos fábricas de trago en San Cristóbal y los dueños se han repartido los pueblos para vender el aguardiente; uno vende a los chamulas y zinacantecos; el otro vende a todos los demás pueblos, que son muchos, tantos, que el dueño es el hombre más rico de San Cristóbal y paga vigilantes que andan por los pueblos. Con máuser y pistolas, entran a las casas, las esculcan y se llevan a la cárcel, o matan, a los que hacen aguardiente de contrabando o venden trago de otras fábricas. Sólo ellos pueden hacerlo, y sólo ellos pueden venderlo, porque el Gobierno ha rematado [92] con ellos la venta.

A mi casa vienen a beber todos los días compañeros que llegan a comprar; me dan de lo que toman, y con todos tomo yo. "Ya no tomes más", me dicen mi Lorenzo y mi Dominga; pero yo no puedo dejar de tomar. Hace días que ya no como... Así murió mi papá. Pero yo no quiero morirme. Yo quiero vivir.

NOTAS

1 Chamula.

2 Fertilizar.

3 Baño de vapor.

4 Guajolote.

5 El nombre personal en algunos grupos tzotziles tiene lo que se ha dado en llamar nombre indígena, que corresponde al nombre de un animal, planta o cosa. Este nombre es uno de los restos de su antigua organización social y en la actualidad persiste la prohibición de matrimonio entre personas del mismo nombre indígena.

6 Se han conservado en el texto interjecciones ofensivas reproducidas por el informante; éstas se usan con frecuencia, cuando riñen, intercalándose las palabras castellanas en el diálogo en tzotzil; no es común usarlas en el trato con los niños.

7 Por regla general, los niños son bien tratados en Chamula; tienen libertad y casi nunca se les golpea. Se tienen con ellos muchas consideraciones, y una paciencia ilimitada para enseñarlos. El caso de Juan Pérez Jolote parece ser una excepción, porque tampoco es frecuente que los niños huyan de su casa.

8 San Andrés es un municipio de indios, vecino del de Chamula; su nombre actual es Larráinzar.

9 Paraje de Zinacantan, municipio vecino de Chamula.

10 Aguardiente.

11 Pueblo de la Tierra Caliente, al sur de Chamula.

12 Es muy apetecida por estos indios una variedad de caracol de río, el molusco *Subulinidol opeas Sp.*

13 Término con que se designa a la gente no india.

14 Pueblo situado a la orilla del río Grande de Chiapas y al sur del municipio de Chamula.

15 A las tierras bajas de la cuenca del Río Grande descienden indios zinacantecos a rentar tierras para sembrar maíz. Los chamulas trabajan para ellos como peones.

¹⁶ Caballo.

¹⁷ Marranos.

¹⁸ Pieza rectangular de lana, tejida en telar prehispánico con una abertura en el centro para dejar pasar la cabeza de quien lo usa. Úsase como capote que cubre las partes anterior y posterior del cuerpo, generalmente hasta la altura de las rodillas.

¹⁹ Bebida que se obtiene de la fermentación del jugo de caña.

²⁰ Menores de edad.

²¹ Grupo indígena procedente de la falda del volcán Tacaná que habla el mame y se contrata para trabajar en las fincas.

²² Mujeres que hacen comercio ambulante.

²³ Pueblo de Tierra Caliente al sur de Chamula.

²⁴ Pueblo de Tierra Caliente al sur de Chamula.

²⁵ Forúnculos.

²⁶ Camisa propia de soldados en servicio.

²⁷ Término para designar a los indios que han aceptado rasgos de la cultura occidental.

²⁸ Platos hondos de barro, vidriados.

²⁹ Calabazos, llamados también huacalitos.

³⁰ Orquídeas silvestres.

³¹ Agujas de pino.

³² Tamales de masa de maíz con frijoles tiernos y enteros dentro.

³³ Tamales de masa de maíz con frijoles molidos dentro.

³⁴ Calabazo o guaje.

³⁵ Atole agrio.

³⁶ El sagrado señor, o el sol.

³⁷ La sagrada señora, o la luna.

³⁸ Huaraches de forma especial, con talonera alta y sujeta al pie por una correa que pasa entre el dedo pulgar y el que le sigue.

³⁹ Ebrios.

⁴⁰ El presidente de San Cristóbal, al que se refiere Jolote, de acuerdo con el enganchador de la finca, hacía redada de los indios que andaban por la calle después de las siete de la noche. El enganchador pagaba las multas, y así conseguía trabajadores para la finca.

⁴¹ *Tuluc,* en tzotzil, significa *guajolote* o *jolote,* que son la misma cosa. Entre los chamulas existen restos de clanes exogámicos, una de cuyas manifestaciones es la prohibición de contraer matrimonio entre personas de un mismo nombre.

42 Manco.

43 Botella de tres cuartos de litro.

44 Vasija de barro que sirve de lavamanos.

45 Hermano mayor.

46 Es costumbre, entre estos indios, saludar a las personas mayores, o de jerarquía superior, mediante una inclinación de cabeza, demostración que es correspondida tocando en la mano la cabeza que se inclina.

47 Bebida preparada a base de maíz dos veces cocido, martajado, y que se disuelve en agua cada vez que se toma.

48 Papas.

49 Especie de cobertor de lana, tejido, también, en telar prehispánico.

50 Maleta.

51 El adelanto en dinero que reciben los que se contratan para trabajar en las fincas.

52 Calabazo grande.

53 Chamula, contra lo que prescribe la fracción primera del artículo 115 de la Constitución Política Mexicana, tiene dos ayuntamientos, lo que se explica como un desajuste entre la organización política general del país y la organización política interna de este municipio. Uno de estos ayuntamientos, el regional, sin reconocimiento legal y cuyas funciones están ligadas a las de la organización religiosa del municipio, está integrado por 51 miembros representantes de su tres barrios. El otro, el constitucional, reconocido como legal por el Gobierno del Estado, sirve como intermedio entre éste y el gobierno del municipio; consta de un presidente, dos regidores propietarios, dos regidores suplentes y un síndico municipal. La toma de posesión que relata Pérez Jolote se refiere al ayuntamiento regional.

54 Viejo que aconseja a cada autoridad religiosa o política lo que debe hacer.

55 Dios padre.

56 Dios hijo.

57 Aunque el secretario del gobierno municipal debe ser designado por el presidente, aquí es impuesto por las altas autoridades no indias. Se le tiene en alto concepto y ejerce gran influencia, anulando toda otra autoridad; tampoco es indígena.

58 Local en que se despachan los asuntos oficiales y del ayuntamiento regional.

[59] Prisión de San Cristóbal las Casas; en esta ciudad se tramitan todos los asuntos judiciales de la región.

[60] Es general, entre los chamulas, que la mujer tome la iniciativa en casos de separación.

[61] La carne es el mejor regalo para la chamula, aunque jamás sacrifica al carnero que le proporciona lana para el vestido.

[62] Cohabitar.

[63] Perro.

[64] Tomaba el pulso.

[65] Raíz del chayote.

[66] Según los chamulas, el muerto tiene que caminar mucho y atravesar un lago infestado de perros, uno de los cuales, a modo de cabalgadura, pasa de una orilla a la otra.

[67] Cuando el muerto llega al *Olontic*, todas las ánimas le piden les dé de lo que lleva.

[68] Existe una dualidad espiritual que supone la existencia de dos almas en el hombre: una, el *chulel*, encarna en un animal que vive en el monte; la otra, la *ánima*, permanece en el cuerpo y va a morir al *Olontic* cuando el hombre muere.

[69] Curandero.

[70] Espanto.

[71] Espíritu de mujer.

[72] Espíritu de hombre

[73] También los animales tienen su *chulel*, que es otro animal.

[74] Rencor.

[75] Escultura de madera, sin manos, que parece representar a San Antonio; sus largas mangas de madera labrada semejan las dos bateas de que habla el *yajualtiquil*.

[76] San Jerónimo.

[77] León.

[78] Funcionarios encargados de las fiestas del carnaval; son tres, uno por cada barrio.

[79] En todos los asuntos de importancia para el pueblo se consulta a un grupo de ancianos llamados *principales*, Domingo de la Cruz Chato era uno de éstos.

[80] Monos.

[81] Barrenderos.

[82] Funcionarios religiosos encargados de la custodia de unos cántaros cuya boca se cubre con membrana para servir como instrumentos músicos rituales.

83 Piel de tigre con cascabeles.

84 Sonaja de guaje.

85 Son que tocan y silban los chamulas; *bolonchón* significa tigre.

86 Funcionarios religiosos que cuidan las prendas sagradas para la fiesta del carnaval.

87 Hombre, vestido de mujer, que lleva un brasero con copal y acompaña a los grandes funcionarios religiosos.

88 Cohabitar.

89 El que se pone el *chilón*: piel de tigre con cascabeles que se usa en la danza.

90 Flauta de carrizo.

91 Embriagaba.

92 Es decir, que el gobierno del Estado ha permitido tal sistema de producción y venta, mediante el pago de impuestos elevados.

ÍNDICE

Juan Pérez Jolote: biografía de un tzotzil, de Ricardo Pozas,
se terminó de imprimir y encuadernar en noviembre de 2008
en Impresora y Encuadernadora Progreso, S. A. de C. V. (IEPSA),
Calzada San Lorenzo, 244; 09830 México, D. F.
La edición consta de 3 800 ejemplares.